KB261478

초기경전

그림과 함께 읽는 감명 깊은

일아 옮김

불광출판사

Namo tassa bhagavato arahato sammāsambuddhassa

거룩한 분
존경받아 마땅한 분
바르게 깨달으신 분께 귀의합니다.

불교 경전들은 딱딱하여 읽기 어렵다는 선입견이 있다. 그러나 초기경전인 『담마빠다』나 『숫따니빠따』나 빠알리 니까야는 전혀 그런 느낌이 없다. 불교의 주옥같은 경전들이 많은데 특히 『담마빠다』나 『숫따니빠따』처럼 게송으로 되어 있는 경전은 금언과도 같아서 전 세계 많은 사람들의 사랑을 받고 있다. 게송들은 군더더기가 없고 들어서 금방 알 수 있고, 샘물처럼 순수하고 맑다.

오래전부터 나에게는 염원이 있었다. 그렇다면 이 순수하고 맑은 게송들을 더 빛나게 할 도우미는 무엇일까를 고심하였다. 그것은 바로 그림이나 사진을 함께 싣는 것이었다. 『담마빠다』는 동남아 불교 국에 여러 권의 그림을 실은 책들이 있다. 그중에 스리랑카 웨라고다 사라다 큰스님의 그림 58장을 허락을 받아 『담마빠다』가 더 빛을 발하게 되었다.

또 다른 나의 염원은 사람들에게 행복과 평안을 주는 것이었다. 사람들은 언제 행복과 평안을 느낄까를 생각하였다. 그것은 뭐니 뭐니 해도 자연 속에 있을 때라고 생각된다. 그것은 아름다운 꽃 한 송이를 만날 때, 이름 모를 들꽃들이 무더기로 온통 흐드러지게 피어 있을 때, 붉은 저녁노을이 신비한 구름 색깔로 하늘을 물들일 때, 참으로 신비롭고 아름다운 새끼와 어미의 모성애를 볼 때, 망망대해 끝없이 펼쳐지는 사막의 가르침, 수평선 너머로 찬란히 떠오르는 커다란 둥근 불덩이를 볼 때, 옷깃을 여미게 하는 명상 삼매경에 들어 있는 수행자를 볼 때, 수억만 년을 파도가 쓰다듬어 동글동글해진 바닷가의 몽돌을 볼 때, 인간의 변덕을 닮은 수시로 변하고 사라지는 구름을 볼 때, 등 자연 속에 있을 때 인간은 행복하고 편안하다. 이런 주제들을 바탕으로 사진들을 선정하였다.

게송은 『담마빠다』에서 192개, 『숫따니빠따』에서 90개, 4개의 니까야에서 25개, 총 307개의 게송을 선정하였다. 주옥같은 내용이 많은 산문으로 되어 있는 빠알리 니까야에서는, 이 책의 특성상 산문은 실을 수 없기에 몇 개의 짧은 문단만 실었다.

쉽지만은 않은 세상살이에 이 아름답고 감동을 주는 게송과, 그림과 사진을 통해 이 책을 읽는 모든 분들께 힐링의 시간이 되기를 간절히 바란다. 한 장 한 장 음미하며 바쁘게 걸어가던 발걸음을 잠시 멈추고 내면에 침잠하는 시간이 되었으면 한다. 마음 가득히 행복과 평안을 얻는 시간이 되기를 기원 드린다.

2023년 겨울
일아

일러두기

1 『담마빠다』의 그림은 스리랑카의 Weragoda Sārada Mahā Thēro 큰 스님의 *Illustrated Dhammapada*에서 선별하였다. 이메일을 직접 드렸더니 흔쾌히 그림의 일부 사용을 허락해 주셨다. 소중한 그림 사용에 큰 감사를 드린다. 총 58개의 그림을 사용하였다.

2 전문 사진작가인 주일용 선생님께서 훌륭한 사진 사용을 허락해 주셔서 감사드린다. 그 외 사진들은 철저히 저작권 무료 사용 사이트에서 아름답고 내용에 어울리는 사진들을 선별하였다. 그 외 너무 아름다워서 오래전에 저장해 온 사진들을 실었다.

3 그 외에 귀한 사진인데 연락할 방도가 없어서 그냥 사용한 것은 차후 연락이 된다면 분명히 후사할 것임을 밝힌다. 이 모든 분들께 큰 감사를 드린다.

4 한 페이지에 한 장의 사진과 게송을 싣고, 공간의 여유가 남았을 경우에만 게송에 대한 설명을 덧붙였다. 나의 덧붙인 설명은 ∴ 표시를 하여 구분하였다. 때로는 게송과 연관된 사진에 대한 내용도 실었다.

5 사진의 선택은 철저히 사람들에게 행복과 편안함을 줄 수 있는 사진, 내용과 연관성이 있는 사진들을 선택하였다. 연꽃, 노을, 갈대, 사막, 야생화, 새, 사슴, 코끼리, 새끼 새, 꽃나무, 열매, 꽃, 그 외에 게송의 내용과 연관된 대상물을 선별하였다.

차례

1

담마바다

모든 것은 마음이 앞서 가고,
마음은 가장 중요하고
(모든 것은) 마음에서 만들어진다.
만일 나쁜 마음으로 말하거나 행동하면
그로 인해 괴로움이 그를 따른다.
수레바퀴가 끄는 소의 발굽을 따르듯이.

〈담마빠다 1〉

모든 것은 마음이 앞서 가고,
마음은 가장 중요하고
(모든 것은) 마음에서 만들어진다.
만일 깨끗한 마음으로 말하거나 행동하면
그로 인해 행복이 그를 따른다,
그림자가 떠나지 않듯이.

〈담마빠다 2〉

"그는 나를 욕했다, 그는 나를 때렸다,
그는 나를 이겼다, 그는 내 것을 빼앗았다."라고
이런 생각을 품는 사람들의
증오는 사라지지 않는다.

〈담마빠다 3〉

"그는 나를 욕했다, 그는 나를 때렸다,
그는 나를 이겼다, 그는 내 것을 빼앗았다."라고
이런 생각을 품지 않는 사람들의
증오는 사라진다.

〈담마빠다 4〉

이 세상에서 원한은 원한에 의해서는
결코 풀리지 않는다.
원한을 버림으로써 풀린다.
이것은 영원한 진리이다.

〈담마빠다 5〉

우리들이 여기(싸움)에서 죽는다는 것을
다른 사람들은 알지 못한다.
그러나 그것을 아는 사람들은
그로 인해 싸움은 그친다.

〈담마빠다 6〉

쾌락을 추구하면서 살고,
감각기관을 다스리지 못하고,
먹는 데 적당량을 모르고,
게으르고, 노력에 열성이 없는 사람은
바람이 연약한 나무를 쓰러트리듯이
악마가 그를 정복한다.

〈담마빠다 7〉

(육신의) 더러움에 주의를 기울이며 살고,

감각기관을 잘 다스리고,

먹는 데 적당량을 알고,

신뢰가 있고, 노력에 열성이 있는 사람은

바람이 바위산을 무너뜨리지 못하듯이,

악마가 그를 정복하지 못한다.

〈담마빠다 8〉

더러움에서 벗어나지 못하고,
자아 절제와 진실이 없는 사람이
가사를 입는다면
그는 가사를 입을 자격이 없다.

〈담마빠다 9〉

본질 아닌 것을 본질로 생각하고
본질을 본질 아닌 것으로 보는 사람들은
본질에 이르지 못한다,
잘못된 생각의 영역에 머무르기에.
〈담마빠다 11〉

∴
모든 것에는 본질, 즉 핵심이 있다. 바른 생각이 부족할 때는 중요하지 않은 것을 중요
한 것으로 착각하여 중요한 것을 놓치는 경우가 있다.

본질을 본질로,
본질 아닌 것을 본질 아닌 것으로 알면
그들은 본질에 이른다,
바른 생각의 영역에 머무르기에.

〈담마빠다 12〉

✷

생각이 바르게 자리잡혀 있으면 바른 것과 잘못된 것을 잘 분별할 수 있다. 중요한 본
질과 중요하지 않은 것을 쉽게 구별할 수 있으니 본질에 결국은 도달한다는 말씀이다.

지붕이 부실하게 이어진 집에
비가 스며들듯이
이처럼 수행되지 않은 마음에
욕망이 스며든다.

〈담마빠다 13〉

지붕이 잘 이어진 집에
비가 새지 않듯이,
이처럼 잘 수행된 마음에
욕망은 스며들지 않는다.
〈담마빠다 14〉

그는 이 세상에서 슬퍼하고,
저 세상에서 슬퍼한다.
악을 지은 자는 두 세상에서 슬퍼한다.
자신의 행동의 더러움을 보고
그는 슬퍼하고 괴로워한다.

〈담마빠다 15〉

∴
자신이 착한 일을 했으면 즐겁고 행복하고, 나쁜 짓을 했으면 양심에 걸리니 행복할 수
가 없다.

그는 이 세상에서 기뻐하고,

저 세상에서 기뻐한다.

선을 지은 사람은 두 세상에서 기뻐한다.

자신의 행동의 깨끗함을 보고

그는 기뻐하고 더욱더 즐거워한다.

〈담마빠다 16〉

∴

선행은 어떤 보상을 받기 위해서가 아니라 남이 행복할 때 나도 행복하기 때문에 하는
것이다.

그는 이 세상에서 괴로워하고,
저 세상에서 괴로워한다.
악을 지은 자는 두 세상에서 괴로워한다.
'내가 악을 지었구나' 하고 괴로워하고
불행한 곳에 가서는 더욱더 괴로워한다.

〈담마빠다 17〉

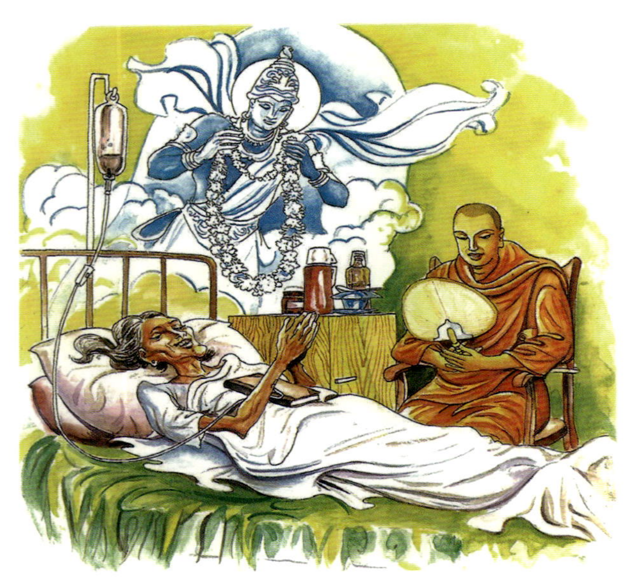

그는 이 세상에서 기뻐하고,
저 세상에서 기뻐한다.
선을 지은 사람은 두 세상에서 기뻐한다.
'내가 선을 지었구나' 하고 기뻐하고
좋은 곳에 가서는 더욱 더 기뻐한다.

〈담마빠다 18〉

비록 많은 경전을 외운다 해도,
그에 따라 행하지 않는 방일한 사람은
다른 사람의 소만 세는 목동과 같아서
그는 청정한 삶의 (결실을) 나누지 못한다.

〈담마빠다 19〉

명상에 들고, 인내하고,
항상 열심히 노력하는 지혜로운 사람들은
속박에서 벗어난 최상의 경지인 열반을 성취한다.

〈담마빠다 23〉

열심히 노력하고, 주의 깊고,
행동이 깨끗하고, 사려 깊고,
절제하고, 바르게 살고,
깨어 있는 사람에게 영예는 꾸준히 늘어난다.

〈담마빠다 24〉

노력에 의해, 깨어 있음에 의해,
절제에 의해, 그리고 자기 다스림에 의해
지혜로운 사람은 홍수가 휩쓸어가지 않을
섬을 만들어야 한다.

〈담마빠다 25〉

∴
부단한 노력, 자신을 돌아보는 여유, 자아 절제, 이것은 삶에 너무나 소중한 자산이다.

지혜가 모자란 사람들, 어리석은 사람들은
깨어 있지 못함에 빠진다.
그러나 지혜로운 사람은 깨어 있음을 지킨다,
마치 굉장한 보물처럼.

〈담마빠다 26〉

깨어 있지 못함에 빠지지 말라.
감각적 쾌락과의 친교를 갖지 말라.
깨어 있고 선정에 드는 사람은
큰 행복을 얻는다.

〈담마빠다 27〉

❖

감각적 쾌락은 찰나적인 향락일 뿐 근본적인 행복이 아니다. 근본적인 행복은 무엇일까? 영원한 행복은 존재하는가? 행복은 자신이 만드는 것이다.

깨어 있지 못한 사람 가운데 깨어 있는,
잠든 사람들 가운데
크게 깨어 있는 지혜로운 사람은,
빠른 말이 약한 말을 제치듯이
앞으로 나아간다.

〈담마빠다 29〉

흔들리고, 변덕스러운 마음,
지키기 어렵고, 다스리기 어렵다.
지혜로운 사람은 (이 마음을) 곧게 한다.
화살 만드는 사람이 화살대를 곧게 하듯이.

〈담마빠다 33〉

⁘

사람의 마음은 안정되지 못하고 불안정하다. 중요한 것은 이런 불안정한 자신을 절제
하고 다스리는 것이라고 가르치신다.

(마음은) 다스리기 어렵고 재빠르고,
좋아하는 곳에는 어디에든 내려앉는다.
(이런) 마음을 길들이는 것은 좋은 일이다.
길들여진 마음은 행복을 가져온다.

〈담마빠다 35〉

(마음은) 매우 보기 어렵고 아주 미묘하고,
좋아하는 곳에는 어디에든 내려앉는다.
지혜로운 사람은 마음을 지켜야 한다.
지켜진 마음은 행복을 가져온다.

〈담마빠다 36〉

그의 마음이 (욕망에) 물들지 않고

(증오에) 영향받지 않고

선과 악을 떠난 사람

(그런) 깨어 있는 사람에게 두려움은 없다.

〈담마빠다 39〉

이 몸을 항아리처럼 (깨지기 쉬운 줄) 알고
이 마음을 요새처럼 (굳건히) 세우고
지혜의 무기로 악마와 싸워라.
(싸워) 이긴 것을 지켜라, 그리고 집착은 하지 말라.

〈담마빠다 40〉

❖
악마는 내 안에 숨어 있는 탐·진·치 등의 악한 성향들이다. 이런 악의 유혹을 이겨내
고 좋은 것에도 집착은 하지 말라는 가르침이다.

아, 머지않아 이 몸은
땅 위에 누우리라.
쓸모없는 나무토막처럼
의식 없이 버려진 채.

〈담마빠다 41〉

무엇이든 (해를) 적은 적에게 행하고,
증오하는 사람은 증오하는 사람에게 행할 것이다.
(그러나) 잘못 방향 잡은 마음은
훨씬 더 나쁜 (해를) 그에게 행할 것이다.
〈담마빠다 42〉

∴
증오보다 더 큰 해악은 마음의 방향이 잘못되었을 때라고 말씀하신다. 그렇기 때문에
가장 중요한 것은 마음이 바른 방향으로 잡혀 있어야 한다는 것이다.

어머니도, 아버지도, 다른 친척들도

잘 방향 잡은 마음이 그에게

줄 수 있는 것보다

더 큰 이익을 줄 수 없다.

〈담마빠다 43〉

∴

중요한 것은 자신이고 방향이 잘 잡힌 마음은 부모, 가족보다 더 큰 이익을 준다는 가
르침이다. 잘 방향 잡은 마음이란 바르게 잘 균형 잡힌 마음을 말한다.

이 몸은 물거품 같다고 알고,
아지랑이 본성을 깨닫고,
악마의 꽃 화살을 부수어버리고
죽음의 왕의 시야 그 너머로 가리라.
〈담마빠다 46〉

∴
인간의 무상함을 깨닫고 수많은 악한 것들의 유혹을 물리쳐버리면 염라대왕 눈에 보
이지 않으니 잡아갈 수 없다는 가르침이다.

오직 (쾌락의) 꽃을 따는
집착된 마음의 사람을 죽음은 잡아간다,
홍수가 잠든 마을을 휩쓸어가듯이.

〈담마빠다 47〉

∵

자신을 돌아보지 않고 오직 쾌락에 깊이 빠져 헤어나지 못하면 앞으로 닥칠 불행을 전혀 눈치채지 못하게 된다. 그러니 염라대왕의 눈에 보일 수밖에 없다. 결국 염라대왕이 잡아간다는 가르침이다. 염라대왕은 지옥에 떨어진 인간의 죄악을 심판하고 징벌하는 대왕으로 저세상의 재판관이라 할 수 있다.

오직 (쾌락의) 꽃을 따는,
집착된 마음의 사람을
악마가 지배한다,
쾌락이 채워지기도 전에.
〈담마빠다 48〉

∴
쾌락의 유혹에 깊이 빠져서 헤어나지 못할 때에는 악한 것들이 활개치고 날뛰게 된다.
그러니 쾌락이 채워지기도 전에 악에 완전히 장악되어 버린다는 가르침이다.

남의 허물을 찾지 말라.

남의 한 일과 하지 않은 일을 상관하지 말라.

다만 자신의 한 일과

하지 않은 일을 살피라.

〈담마빠다 50〉

∴

자신의 허물은 눈에 안 보이고 남의 허물은 아주 크게 보이는 것이 인간인 듯하다. 남을 탓하기에 앞서 자신을 돌아보고 살피는 것이 우선되어야 한다는 가르침이다. 사사건건 남을 살피고 참견하고 들여다보면서 지나친 관심을 두는 것보다는 자신의 내면을 한 번 더 살핌이 우선이다.

빛깔이 곱지만 향기가 없는
아름다운 꽃처럼,
잘 설해진 말도 행하지 않는 사람에게는
열매가 없다.

〈담마빠다 51〉

향기로운 사람은 어떤 사람일까? 말이 행동으로 이어지는 사람이다. 아무리 훌륭한 말
을 달변으로 늘어놓더라도 행동이 그 말과 다르다면 훌륭한 말에 대한 열매를 맺지 못
하는 것이다. 거죽은 멋있고 그럴싸해도 속은 텅텅 비어서 알맹이가 없는 것을 비유한
것이다.

빛깔이 곱고, 향기도 있는

아름다운 꽃처럼,

잘 설해진 말도 행하는 사람에게는

열매가 있다.

〈담마빠다 52〉

∴

장미처럼 향기 나는 사람은 어떤 사람일까? 말과 행동이 일치되는 사람이다. 그 말은
행동에서 나타나 결국은 많은 좋은 결실을 얻는다는 가르침이다. 잘 설해진 말을 실천
에 옮길 때 그 말은 살아나고 찬란한 빛을 발한다.

꽃들의 무더기에서
많은 화환을 만들 수 있듯이
이처럼 죽기 마련으로 태어나서
많은 선을 지어야 하리.

〈담마빠다 53〉

꽃향기는 바람을 거슬러 가지 않는다.
전단향도, 따가라 향도, 말리까 향도 마찬가지,
그러나 덕이 높은 사람의 향기는 바람을 거슬러 간다.
덕 높은 사람은 (그 향기가) 온 사방에 퍼진다.

〈담마빠다 54〉

잠 못 드는 이에게 밤은 길고
지친 이에겐 1요자나도 멀다.
바른 진리를 모르는
어리석은 자에게 윤회는 멀기만 하다.
〈담마빠다 60〉

∴
요자나란 길이의 단위로 1요자나는 약 11.2킬로미터로 알려져 있다. 다른 견해도 있다.
밤이 길고 1요자나도 멀듯이 바른 진리를 모르는 어리석은 사람은 계속 윤회를 하기
때문에 윤회가 멀다는 가르침이다. 윤회란 끊임없이 나고 죽는 것을 반복하는 것을 말
한다. 불교는 윤회에서의 해방을 강조한다.

삶의 길에서 자기보다 낫거나
동등한 사람을 찾지 못하면,
단호히 홀로 가라,
어리석은 자와의 우정은 없다.

〈담마빠다 61〉

"내 아들이다, 내 재산이다."라고
생각하며 어리석은 자는 괴로워한다.
참으로 자기 자신도 자기 것이 아닌데
어찌 아들일까? 어찌 재산일까?

〈담마빠다 62〉

어리석은 자가 어리석음을 알면
그로 인해 그는 지혜로운 자가 된다.
어리석은 자가 지혜롭다고 생각하면
그는 참으로 어리석은 자라고 불린다.
〈담마빠다 63〉

∴

이보다 더 핵심을 찌르는 말이 있을까? 더도 덜도 말고 냉철하게 실상을 그대로 인식
하는 것, 자신을 비단 보자기에 싸서 보지 말고 있는 그대로를 파악하고 자신을 알 때
그는 지혜로운 자가 된다는 것이다.

어리석은 사람은 평생 동안
어진 사람을 가까이 모셔도
진리를 알지 못한다,
숟가락이 국 맛을 모르듯이.

〈담마빠다 64〉

지혜가 모자란 어리석은 자들은
그들 자신에게 마치 원수처럼 행동한다,
혹독한 결과를 (가져오는) 악한 행동을 하면서.
〈담마빠다 66〉

행하고 나서 후회하고,
눈물 어린 얼굴로 우는 결과를 가져오는
그런 행동은 잘된 것이 아니다.

〈담마빠다 67〉

후회하지 않는 삶을 살 수는 없다. 그러나 그 횟수는 줄일 수 있다. 어떻게 하면 후회하
지 않을까? 인간관계에서의 후회는 어떤가? 마음 수행이 필요하다. 왜냐하면 대화 중
에 자동적으로, 반사적으로 반응하기 때문이다. 마음속에 어떤 것들이 들어 있느냐가
그대로 나오므로 자기 다스림이 필요하다.

행하고 나서 후회하지 않고,
기쁘고 행복한 결과를 가져오는,
그런 행동은 잘된 것이다.

〈담마빠다 68〉

악이 여물기 전까지는
어리석은 자는 꿀같이 여긴다.
그러나 악이 여물 때
그때 어리석은 자는 괴로움을 겪는다.
〈담마빠다 69〉

우유가 즉시 굳어지지 않는 것처럼
지은 악행도 즉시 나타나지 않는다.
재 속에 덮여진 불처럼 이글거리면서
어리석은 자를 쫓는다.

〈담마빠다 71〉

마치 보물을 알려주는 사람처럼,
잘못을 지적해 주고, 꾸짖어 말하는
지혜로운 사람을 본다면,
그런 지혜로운 사람과 가까이하라.
그런 사람과 가까이하는 사람에게는
더 좋지 더 나쁘지는 않으리.

〈담마빠다 76〉

악한 친구와 사귀지 말라.
저속한 사람과 사귀지 말라.
좋은 친구와 사귀어라.
가장 뛰어난 사람과 사귀어라.

〈담마빠다 78〉

가르침을 마시는 사람은
고요한 마음으로 행복하게 산다.
지혜로운 사람은 거룩한 분에 의해 설해진
담마 (가르침) 속에서 항상 기뻐한다.

〈담마빠다 79〉

치수자는 물길을 이끌고,
화살 만드는 사람은 화살대를 곧게 하고,
목수는 나무를 구부리고,
지혜로운 사람은 자기 자신을 다스린다.

〈담마빠다 80〉

단단한 바위가 바람에 움직이지 않듯이
이와 같이 지혜로운 사람들은
칭찬과 비난에 흔들리지 않는다.

〈담마빠다 81〉

깊은 호수가 맑고 고요하듯이
지혜로운 사람은 가르침을 듣고
고요해진다.

〈담마빠다 82〉

∴

훌륭한 분의 가르침이나 좋은 말을 들었을 때, 마음은 가라앉고 차분해진다. 가르침을 들을 때도 마음속에 번뇌망상이 가득 들어 있다면 가르침이 들어갈 자리가 없기에 한 귀로 듣고 한 귀로 흘려보내게 된다. 그러니 번뇌망상을 비우고 가르침을 들어보자.

선한 분은 모든 면에서 놓아버린다.

덕 높은 사람은 쾌락에 대한 갈망을 가지고

쓸데없는 말을 하지 않는다.

행복이나 괴로움에 당면해도

지혜로운 사람은 (감정의) 높고 낮음을 보이지 않는다.

〈담마빠다 83〉

조련사에 의해 잘 길들여진 말처럼
그의 감각기관이 고요함에 이르고,
그의 교만이 부서지고,
번뇌에서 벗어난 사람,
신들도 그런 사람을 부러워한다.

〈담마빠다 94〉

의미 없는 천 마디 말보다
들어서 평온해지는
의미 있는 한 마디 말이 더 낫다.
〈담마빠다 100〉

❖

의미 있는 한 마디 말, 금언과 같은 말은 어디서 올까? 진심과 지혜가 녹아 있는 마음, 자신을 들여다 볼 수 있는 여유로움에서 오는 것이 아닐까? 어떤 강연을 들었을 때 마음을 울려서, 그래서 마음이 평화롭고 행복하다면 의미 있는 강연을 들었다고 할 수 있다.

의미 없는 천 개의 시구보다
들어서 평온해지는
의미 있는 한 개의 시구가 더 낫다.
〈담마빠다 101〉

❖

『담마빠다』는 이 세상의 성인들이 말씀하는 금언 중에서도 가히 최고의 시구라고 말하고 싶다. 왜냐하면 한 개의 시구라도 가슴을 울리는 감명을 주는 진리의 샘물 같기 때문이다.

의미 없는 백 편의 시구를
말하는 것보다
들어서 평온해지는
한 마디 진리의 말씀이 더 낫다.
〈담마빠다 102〉

∴
모든 종교들이 자신의 종교가 진리라고 말한다. 그런데 진리란 보편타당성이 있어야
한다. 나와 남이 모두 행복하고 평화로워야 한다. 내 종교만이 진리라고 말함은 독선이
아닐까?

전쟁에서 백만 대군을 정복하는 것보다
하나의 자신을 정복하는 사람이야말로
그는 참으로 전쟁의 가장 큰 승리자이다.

〈담마빠다 103〉

∴

가슴을 울리는 금언이다. 그만큼 자기 자신을 다스리기란 힘들다는 것을 말한다. 게으름의 유혹, 음식을 절제하지 못하는 유혹, 욕심의 유혹, 옳지 못한 것에 빠지는 유혹, 나쁜 습관의 유혹 등 수많은 유혹들을 물리치고 자신을 다스린 사람은 자신을 이긴 사람이다.

다른 사람을 정복하는 것보다
참으로 자신을 정복하는 것이 더 낫다.
자기를 다스린 사람, 항상 절제 속에 살아가는 사람,
데와, 간답바, 마라와 브라흐마 신도 모두
이와 같은 사람의 승리를 패배로 만들 수는 없다.

〈담마빠다 104, 105〉

존경을 표하는 습관이 있고
웃어른을 항상 존경하는 사람에게
수명, 아름다움, 행복, 강건함의
네 가지가 증가한다.

〈담마빠다 109〉

게으르고 무기력한 사람의 백 년의 삶보다
열성적이고 굳건한 사람의
하루의 삶이 더 낫다.

〈담마빠다 112〉

✥

짧지만 보람찬 삶과 게으르게 세월만 보내며 오래 사는 삶 가운데 어떤 삶이 더 나은 것인가? 몇십 년을 더 산다 해도 죽기는 마찬가지이다. 그래도 열성적으로 최선을 다하고 나와 남을 행복과 평화로 이끈 사람의 삶이 게으른 사람의 삶보다 바람직하지 않을까?

일어남과 사라짐을 보지 못하는 사람의
백 년의 삶보다
일어남과 사라짐을 보는 사람의
하루의 삶이 더 낫다.

〈담마빠다 113〉

∴

모든 현상은 일어남과 사라짐의 연속이다. 화가 나는 것은 일어남이고 화가 가라앉음
은 사라짐이다. 욕심이 생기는 것은 일어남이고 그 욕심을 알아차리는 것은 사라짐이
다. 이 일어나고 사라지는 현상 하나하나에 집중하여 관찰하는 것이 명상이다.

최상의 진리를 보지 못하는 사람의 백 년의 삶보다
최상의 진리를 보는 사람의 하루의 삶이 더 낫다.

〈담마빠다 115〉

선을 (행함에) 서둘러라.

악으로부터 마음을 삼가라.

공덕을 짓는 데에 느슨한 사람은

마음은 (벌써) 악 속에서 즐거워한다.

〈담마빠다 116〉

∵

마음이 얼마나 공격과 유혹에 연약한지 인간의 마음은 변덕이 죽 끓듯 한다. 선을 행함에 느슨하면 그 틈새로 벌써 악은 유혹의 손길을 내민다. 그러니 수시로 바른 마음에 굳건히 서서 선을 행함에 부지런하라는 가르침이다.

악을 지었다면
그것을 되풀이하지 말라.
그것에 대해 욕망을 내지 말라.
괴로움은 악의 누적이다.

〈담마빠다 117〉

∴
악을 되풀이해서 지으면 그 결과는 자신을 해치고 자신을 괴롭힌다. 악을 되풀이하려는
유혹을 끊어야 한다. 물론 인간은 완벽하지 않기에 어쩌다 악을 지을 수도 있다. 그러나
처절하게 악을 반성하고 완전히 선으로 돌아선다면 악을 되풀이하지 않을 것이다.

공덕을 지었다면
되풀이해서 그것을 행하라.
그것에 대한 열망을 일으키라.
행복은 공덕의 누적이다.

〈담마빠다 118〉

악이 익기 전에는
악을 행한 자도 좋은 것을 누린다.
그러나 악이 익으면
그때 그는 악의 결과를 본다.

〈담마빠다 119〉

선이 익기 전에는

선인도 악을 만난다.

그러나 선이 익으면

그때 선인은 선의 결과를 본다.

〈담마빠다 120〉

∴

인과응보(因果應報)라는 말은 '사람이 짓는 선악에 따라 그 갚음을 받는 것'을 말한다.

선에는 좋은 결과를, 악에는 나쁜 결과를 받는다는 것이다.

"그것이 나에게 오지 않으리라."고
악을 가볍게 생각하지 말라.
물방울이 떨어져 물 단지가 가득 차듯이
어리석은 자는 조금씩 조금씩 쌓아
(자신을) 악으로 가득 채운다.

〈담마빠다 121〉

∴
선을 행하면 선의 결과가 오고 악을 행하면 악의 결과가 오는 것을 인과응보라고 한다.
남에게 선을 행하면 남이 행복한 것이 자신의 행복으로 이어진다. 남과 더불어 행복한
것이 진정한 행복인 것 같다.

"그것이 나에게 오지 않으리라."고
선을 가볍게 생각하지 말라.
물방울이 떨어져 물 단지가 가득 차듯이
지혜로운 자는 조금씩 조금씩 쌓아
(자신을) 선으로 가득 채운다.

〈담마빠다 122〉

∴

어떤 대가를 받기 위해서 바르게, 선하게 사는 것은 아니다 바르고 착하게 살아온 인생 행로는 참으로 행복하다. 왜냐하면 이것이 인간의 도리이고 남도 행복하고 나도 행복한 인생을 사는 목표이기 때문이다.

적은 대상을 거느린 부유한 상인이
두려운 길을 피하듯이
살기를 원하는 사람이 독을 피하듯이
악을 피해야 한다.

〈담마빠다 123〉

깨끗하고 티 없는 사람,
해침이 없는 사람에게 해를 주는 사람은 누구나
악은 바로 그 어리석은 자에게 되돌아간다.
바람을 거슬러 던져진 미세한 먼지처럼.

〈담마빠다 125〉

공중에도 없고, 바다 가운데에도 없고,
산의 틈새 (동굴)에 들어가도 없고,
악행에서 벗어날 수 있는, 머물 곳은
이 세상에 그런 곳은 없다.

〈담마빠다 127〉

공중에도 없고, 바다 가운데에도 없고,
산의 틈새 (동굴)에 들어가도 없고,
죽음에 정복당하지 않을, 머물 곳은
이 세상에 그런 곳은 없다.

〈담마빠다 128〉

∵

태어난 존재는 늙기 마련이고 병들기 마련이고, 그리고 결국은 죽기 마련이다. 조금 일
찍 가고 조금 늦게 갈 뿐이다. 이것은 분명한 명제이다.

모두 폭력을 무서워한다.
모두 죽음을 두려워한다.
자기 자신을 남의 입장에 놓아 보고
죽이지도 말고 죽이도록 하지도 말라.

〈담마빠다 129〉

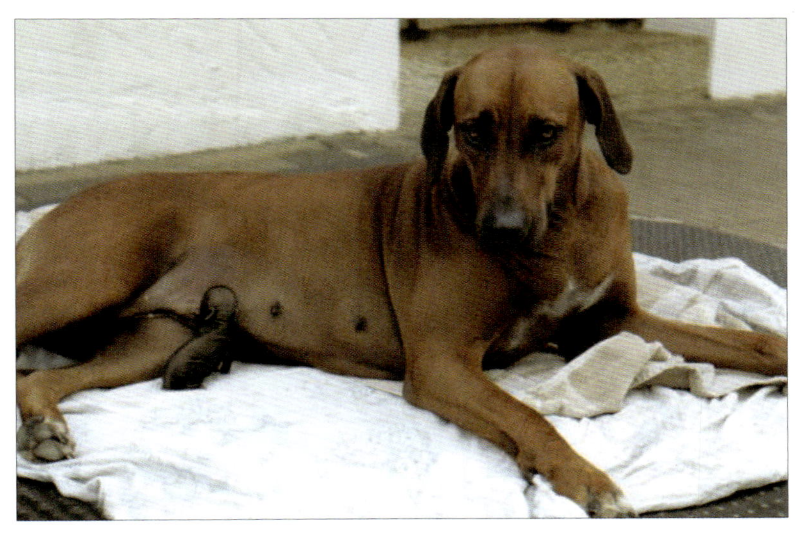

새끼 돼지가 숲에서 어미를 잃었지만 운 좋게도 농장 주인에게 발견되어 보호를 받게 되었다. 농장 주인은 새끼 돼지를 데려다가 자신의 농장에서 키우는 개 옆에 놓았다. 그랬더니 농장의 개는 마치 엄마처럼 새끼 돼지에게 젖을 주고 보살펴주었다. 모성애 는 종족을 가리지 않고 사랑을 베풀기에 감동을 주는 것이다. 어미 개의 표정을 보라. 한없이 자애로운 모습이 감동적이다. 종족이 다르지만 새끼 돼지를 쓰다듬는 어미 개 의 모습은 동물이라도 감정이 얼마나 풍부한지를 생각하게 한다. 숲에서 죽을 뻔한 새 끼 돼지에게 참으로 행운인 일이었다. 인간이든 동물이든 본능적으로 살려고 애쓴다. 그런 생명을 자기가 좀 더 힘이 세다고 폭력을 쓰고 해치지 않았으면 좋겠다. 남의 입 장에서 생각해 보면 답이 나올 것이다.

모두 폭력을 두려워한다.
삶은 모두에게 사랑스럽다.
자기 자신을 남의 입장에 놓아보고
죽이지도 말고 죽이도록 하지도 말라.

〈담마빠다 130〉

∴
'살생하지 말라'는 것은 불교의 아주 중요한 대표적인 가르침이다. 내 생명이 소중하듯이 마찬가지로 남의 생명도 똑같이 소중한 것이다. 이 세상에서 가장 소중한 것은 자기 자신이다. 남도 자기 자신이 가장 소중한 것은 마찬가지이다. 자기를 사랑하는 사람은 그러므로 남을 해쳐서는 안 된다.

자신의 행복을 구하면서
행복을 갈망하는 존재들을
폭력으로 해치는 사람은
죽은 후 행복을 얻지 못한다.
〈담마빠다 131〉

∵
살아 있는 존재들에 대한 연민과 자애는 자신을 그들의 입장에 놓아보면 확실한 답이
나온다. 나도 행복과 평화를 갈망하고 그들 또한 행복과 평화를 갈망한다. 그러므로 내
가 힘이 있다고 그들을 해쳐서는 안 된다.

자신의 행복을 구하면서
행복을 갈망하는 존재들을
폭력으로 해치지 않는 사람은
죽은 후 행복을 얻는다.

〈담마빠다 132〉

누구에게도 거칠게 말하지 말라.
뱉은 말은 그대에게 되돌아오리.
다툼의 말은 참으로 괴롭다.
보복의 매가 그대를 때리리.

〈담마빠다 133〉

만일 깨진 종처럼 그대 자신 동요하지 않으면
그대는 열반을 성취한 것이니
다툼은 그대에게 존재하지 않는다.

〈담마빠다 134〉

소 치는 사람이 막대기로
소들을 목초지로 몰아내듯
그처럼 늙음과 죽음은
살아 있는 존재들의 목숨을 몰아낸다.

〈담마빠다 135〉

채찍을 받은 좋은 말처럼
분발하고 열성을 다하라.
신뢰에 의해, 계행, 정진, 집중, 진리의 탐구와,
지혜와 덕행을 갖춤, 그리고 마음챙김에 의해
이 큰 괴로움을 벗어나라.

〈담마빠다 144〉

치수자는 물을 끌어오고,
화살 제조공은 화살대를 곧게 하고,
목수는 나무를 구부리고,
어진 이는 자기 자신을 다스린다.

〈담마빠다 145〉

아름답게 꾸며진 이 몸을 보라.
상처투성이, (뼈대로) 세워지고,
병들고, (온갖) 생각으로 가득한,
영원함도 견고함도 없다.

〈담마빠다 147〉

이 몸은 낡아지고,
질병의 둥지이고, 부서지기 쉽다.
썩은 몸은 흩어진다.
참으로 삶은 죽음으로 끝난다.

〈담마빠다 148〉

가을에 버려진 이 호리병박들처럼
회색의 뼈들이 있다.
그것들을 보고 어찌 기뻐하리오.

〈담마빠다 149〉

이 도시(몸)는 뼈로 지어지고
살과 피로 발라지고
거기에는 늙음과 죽음과 교만과 위선이
감추어져 있다.

〈담마빠다 150〉

∴
인간의 무상한 모습을 어떻게 이렇게 간결하게 표현할 수 있을까? 여기에 부연 설명을
단다면 군더더기일 뿐이다.

배움이 적은 사람은
황소처럼 늙어간다.
그의 살은 찌지만
지혜는 자라지 않는다.
〈담마빠다 152〉

∴
'배움이 적다'는 말은 학교 교육을 받지 못했다는 뜻이아니다. 비록 학교 교육을 받지
못한 사람이라 할지라도 지혜가 깊은 사람을 우리는 많이 알고 있다. 무엇이건 배우고
자 하는 열정과 갈망, 그리고 부단한 노력이 있을 때 지식도 생기도 지혜도 생기는 것
같다.

집 짓는 이를 찾아서, 그러나 찾지 못하고
수많은 생의 윤회를 나는 떠돌았다.
거듭된 태어남은 괴로움이다.

〈담마빠다 153〉

집 짓는 자여, 그대는 보였다.

그대는 다시는 집을 짓지 못하리.

그대의 서까래는 모두 부러졌고 대들보는 파괴되었다.

마음은 열반에 도달하였다.

갈애의 종국(끝)을 성취하였다.

〈담마빠다 154〉

첫 번째로 자기 자신을 합당하게 세워야 한다.
그러고 나서 다른 사람을 가르쳐야 한다.
(그런) 지혜로운 사람은 비난받지 않으리.

〈담마빠다 158〉

❖
자신은 훨씬 더 형편없는 말과 행동을 하면서 남의 말과 행동을 비난한다면 누가 그를
신뢰하겠는가. '너나 잘 하세요'라는 말이 나올 것이다. 그러니 남에 대한 평가를 하기
이전에 자신을 먼저 잘 챙겨야 함을 말한다.

남에게 가르치는 그대로
자신을 그렇게 만들어야 한다.
잘 다스려진 사람은 진정 (남을) 다스릴 수 있을 것이다.
자기는 참으로 다스리기 어렵다.

〈담마빠다 159〉

∴
남에게는 가차 없지만 자신에게는 우물쩍 넘어가는 것은 이중 잣대이다. 자신이 잘 다스려졌을 때 남에게도 그렇게 말할 수 있다는 엄중한 교훈이다. 자기가 말하는 그대로 실천에 옮기는 사람은 신용을 얻는다. 말처럼 행동한다는 것이 어렵다는 것을 인식하는 사람은 말을 함부로 하지 않는다.

참으로 자기야말로 자기 자신의 의지처,
무슨 다른 의지처가 있을까?
잘 다스려진 자기 자신에 의해
얻기 어려운 의지처를 얻는다.

〈담마빠다 160〉

∴
의지처란 기댈 곳을 말한다. 자신이 기댈 곳은 어디일까? 부모? 자식? 친척? 친구? 결국 자신이 기댈 곳은 자기 자신밖에 없다. 이것은 냉엄한 현실이다. 자기야말로 자기 자신의 의지처이다. 그런데 이 의지처가 만약 잘 다스려지지 않았다면, 허술한 지붕에 비가 새듯이 온갖 번뇌가 스며들어와 든든한 의지처가 되어주지 못할 것이다.

자신에 의해 지어진 악은
자기에서 태어나고 자기에서 생성된다.
다이아몬드가 보석을 부수듯이
(악은) 지혜가 모자란 자를 부순다.
〈담마빠다 161〉

❖

자기가 잘못하고서도 자기 보호 본능이 과도할 때는 자꾸 남 탓을 하게 된다. 그러나
자신의 언행은 모두 자기가 생각한 것이 행동으로 나타난 것이다. 자기를 운전하는 것
은 자신이지, 남이 아니다. 모든 것은 스스로 만든 것이다. 그 결과에 대해 책임져야 할
사람은 남이 아니라 자기 자신이다.

자기 자신에게 해롭고 나쁜 것은 하기 쉽다.

그러나 이롭고 좋은 것은

참으로 지극히 행하기 어렵다

〈담마빠다 163〉

∴

자기에게 해로운 것은 무엇일까? 담배, 술, 야식, 폭식, 운동은 하지 않고 늘어지게 기대 앉아서 텔레비전 보기, 몇 시간이고 고개 숙인 채 휴대폰 보기 등등 아주 많다. 자기에게 이로운 것은 무엇일까? 절제된 규칙적인 식습관, 매일매일 운동하기, 많이 웃고 미소 짓기, 남에게 친절하고 배려하기, 하루 한 가지씩 좋은 일 하기, 남을 칭찬하는 버릇 들이기 등등 아주 많다. 작은 것부터 실천해 보자.

자기에 의해 악을 짓고, 자기에 의해 더러워진다.
자기에 의해 악을 짓지 않고, 자기에 의해 깨끗해진다.
깨끗함과 더러움은 자기 자신에 달렸다.
아무도 다른 이를 깨끗하게 할 수 없다.

〈담마빠다 165〉

❖

'아무도 다른 이를 깨끗하게 할 수 없다'는 말이 정말 정신이 번쩍 들게 한다. 남이 나에게 바른 길을 알려줄 수는 있다. 그러나 그 길을 운전하는 사람은 바로 자신이다. 남이 나를 대신해 줄 수는 없다. 모든 것은 자신에 달렸다는 사실은 외로운 자기 자신과의 투쟁과 매몰찬 다스림이 필요한 것 같다.

남들의 이익을 위한 일이 많다고 하더라도
자신의 이익(수행하는 일)에 게을리 해서는 안 된다.
자신의 이익을 알고서
자신의 목표에 열성을 다하여야 하리.

〈담마빠다 166〉

❖

자기에게 이익이 되는 일은 명상이나 수행, 운동, 독서 등 시간을 내서 마음과 육신의
양식을 쌓는 일일 것이다. 남의 이익을 위한 일은 남을 행복하게 하는 선한 행동들, 장
애인을 돕는 행동, 필요한 곳에 자원봉사로 자신의 시간과 노력을 투자하는 일 등이다.
남의 이익을 위한 일도 중요하지만, 타인에게만 치우치지 말고 자신의 양식을 쌓는 일
에도 부지런하라는 가르침이다.

일어나라! 방일하지 말라.
바른 삶을 살라.
바른 삶을 사는 사람은
이 세상과 저 세상에서 행복하게 산다.
〈담마빠다 168〉

∴

게으름은 모든 병의 근원인 것 같다. 오늘 할 일을 내일로 미루며, 핑계가 많다. 너무 춥다, 너무 덥다, 오늘은 놀고 내일 하자, 누워서 뒹굴뒹굴 거리며 '노세 노세 젊어서 노세 늙어지면 못 노나니', 이렇게 게으름을 피우다 보면 인생은 어느새 백발이 된다.

바른 삶을 살라.

그릇된 삶을 살지 말라.

바른 삶을 사는 사람은

이 세상과 저 세상에서 행복하게 산다.

〈담마빠다 169〉

∴
'바른 삶을 살라'고 누누이 외친다. 이렇게만 산다면 이 세상은 싸움도 전쟁도 없을 것
이다. 그곳이 바로 낙원이 아니겠는가! 싸움도 전쟁도 없으니 모든 이들이 행복하게
살지 않겠나!

(이 세상을) 물거품처럼 보고
아지랑이처럼 보라.
이처럼 세상을 보는 사람을
죽음의 왕은 보지 못한다.
〈담마빠다 170〉

자! 아름다운 왕의 수레와 같은 이 세상을 보라.
어리석은 자는 거기에 빠져들지만
(그것을) 아는 사람들은 집착이 없다.

〈담마빠다 171〉

∴

뜬구름, 아지랑이, 물거품처럼 모든 것은 변한다. 그리고 사라진다. 괴로움도 기쁨도 사랑도 미움도 행운도 불행도 마치 구름처럼 사라진다. 그러므로 변하는 그것들에 머물러 집착하지 말라.

지은 악한 행위를
선한 것으로 덮으면
그는 이 세상을 비춘다,
구름에서 벗어난 달처럼.

〈담마빠다 173〉

∴
비록 나쁜 짓을 했더라도 처절하게 진심으로 뉘우치고, 남에게 행복과 평안을 주는 바
르고 선한 삶을 산다면, 그는 이 세상에 빛이 될 수 있다는 것이다. 부처님은 선한 마음
의 가능성을 믿었다. 사형수가 무기수가 되어 석방된 후에 완전히 180도로 변신하여
남의 행복과 복지를 위해 교도소의 수감자들과 노인들의 복지를 위해 봉사하는 사람
의 예를 알고 있다.

선정에 몰두하는 지혜로운 사람들,
세속을 떠난 고요함을 기뻐하는 사람들,
이런 마음챙김에 머무는,
온전히 깨달은 분들을 신들도 부러워한다.

〈담마빠다 181〉

모든 악을 짓지 않는 것, 선행을 닦는 것,
자신의 마음을 깨끗이 하는 것,
이것이 부처님들의 가르침이다.

〈담마빠다 183〉

❖

이 게송은 대승불교의 한문 게송으로 잘 알려져 있다. "제악막작 중선봉행 자정기심
시제불교(諸惡莫作 衆善奉行 自淨其心 是諸佛敎)" 이 게송은 부처님 가르침의 핵심이라 할
수 있다. 모든 부처님이란 부처님 전생담에 의하면 수많은 과거의 여섯 부처님의 수행
공덕으로, 마침내 샤카무니 부처님이 탄생하셨다는 것이다.

욕하지 않고, 해치지 않고, 계본에 따라 절제하고,
음식에 적당량을 알고, 한가로이 앉고 눕고,
드높은 생각의 추구, 이것이 깨달은 분들의 가르침이다.
〈담마빠다 185〉

금화의 소나기에 의해서도
감각적 쾌락에 만족이란 없다.
감각적 쾌락은 작은 즐거움에 괴로움뿐이다.
이와 같이 알고서 지혜로운 사람은
천상의 쾌락에서조차도
즐거움을 구하지 않는다.
원만히 깨달으신 분의 제자는
(다만) 갈애의 부숨을 기뻐한다.

〈담마빠다 186, 187〉

두려움에 위협을 받은 인간은

산과 숲, 동산, 나무, 사당과 같은 많은 의지처로 간다.

이것은 참으로 안온한 의지처가 아니다.

이것은 최상의 의지처가 아니다.

그런 의지처로 간다고 해서

모든 괴로움에서 벗어나는 것은 아니다.

〈담마빠다 188, 189〉

부처님이든 또는 제자들이나
공경할 만한 분을 공경하는 사람,
희론을 떠나고 슬픔과 한탄의 그 너머로 가신 분,
평화롭고 두려움이 없는 그와 같은 분들을
공경하는 사람의 공덕은,
어느 누구에 의해서도
'이만큼'이라고 헤아려질 수 없다.

〈담마빠다 195, 196〉

원한을 품은 자들 가운데 원한 없이,
아! 우리는 아주 행복하게 산다.
원한을 품은 인간 가운데에서
우리는 원한 없이 산다.

〈담마빠다 197〉

고뇌하는 사람들 가운데 고뇌 없이
아! 우리는 아주 행복하게 산다.
고뇌하는 인간 가운데에서
우리는 고뇌 없이 산다.

〈담마빠다 198〉

갈망하는 자들 가운데 갈망 없이,
아! 우리는 아주 행복하게 산다.
갈망하는 인간들 가운데에서
우리는 갈망 없이 산다.

〈담마빠다 199〉

∴
갈망은 무엇일까? 무엇을 치열하게 원하는 것이다. 인간에게 갈망이 없다면 사실 아무
런 발전이 없을 것이다. 문제는 지나친 갈망이다. 마음이 잠시도 쉬지 못하고 계속 욕
망을 추구하는 것이다. 그러니 몸과 마음은 시달리게 되고 자기는 없고 완전히 갈망의
노예가 되어 살게 된다.

아무것도 가진 것 없이
아! 우리는 아주 행복하게 산다.
아밧사라 신들처럼
기쁨을 먹고 살아가리.

〈담마빠다 200〉

∴

무소유의 기쁨을 노래하고 있다. 소유가 많으면 그만큼 번뇌도 더욱더 일어난다. 아밧
사라 신들은 어떻게 살아가나? 음식이 아닌 기쁨을 먹고 살아간다.

승리는 원한을 낳고
패한 자는 고통 속에 산다.
평온한 분은 승리와 패배를 버리고
행복하게 산다.

〈담마빠다 201〉

∵
이기는 자는 패한 자의 시기와 질투의 대상이 된다. 반면 패한 자는 어떻게든 다음에
이기기 위해 승리한 자에게 온갖 모함을 한다. 그러니 서로 상대를 헐뜯고 미워하게 된
다. 그러나 부처님은 승리와 패배를 초월한 분이기에 평온하고 행복하다.

욕망과 같은 불은 없고
증오와 같은 죄악은 없다.
이 몸과 같은 괴로움은 없고
평화로움보다 더 나은 행복은 없다.

〈담마빠다 202〉

굶주림은 가장 큰 병이고
이 몸은 가장 큰 괴로움이다.
이것을 사실 그대로 알면
열반은 최상의 행복이다.

〈담마빠다 203〉

∴
굶으면 죽으니 큰 병이다. 내 몸이 있기 때문에 괴로움도 생긴다. 그러니 이런 현실을 직
시하면 열반은 가장 큰 행복이라는 가르침이다. 열반(nibbāna)이란 탐·진·치 등의 모든
더러운 것에서 벗어남, 모든 속박에서 벗어남의 뜻이며 깨달음의 궁극적 도달점이다.

건강은 최상의 이익이며
만족은 최상의 재물이며
신뢰는 최상의 친척이며
열반은 최상의 행복이다.

〈담마빠다 204〉

❖

한 구절 한 구절 음미해 보면 어떻게 이렇게 사람에게 제일 소중한 것들을 꼭 짚어서
예를 들었는지 감탄하지 않을 수 없다. 나에게 가장 이익이 되는 것은 건강이고, 만족
하지 못하기 때문에 재물에 대한 욕망이 일어나며, 인간관계에서 신뢰보다 더 나은 것
은 없으며, 최상의 행복은 번뇌를 벗어나 대 자유인이 되는 것이다.

어리석은 자와 함께 걷는 사람은
오랜 세월 동안 슬퍼한다.
어리석은 자와의 친교는
적과 함께 (사는 것)처럼 항상 괴롭다.
지혜로운 자와의 친교는
친척들의 모임처럼 행복하다.

〈담마빠다 207〉

그러므로 참으로 총명하고, 지혜롭고,
많이 배우고, 인내심의 덕성이 있고
책임감이 있고, 거룩한,
그와 같은 참되고 지혜로운 사람을 따라야 한다.
마치 달이 별들의 길을 따르듯이.

〈담마빠다 208〉

사랑하는 사람과 사귀지 말라.

사랑하지 않는 사람과도 결코 (사귀지 말라.)

사랑하는 사람은 보지 못함이 괴로움이며

사랑하지 않는 사람은 보는 것이 또한 괴로움이다.

〈담마빠다 210〉

∴

인생의 양면을 꿰뚫는 날카로운 지적이다. 인간은 좋아하고 싫어하는 경향으로 인하여 괴로움을 당한다. 번뇌가 일어난다. 그러니 이 두 가지를 다 끊으면 괴로움에서 벗어난다는 가르침이다.

그러므로 사랑하는 사람을 만들지 말라.
사랑하는 사람과 헤어짐은 참으로 괴롭다.
사랑하는 사람도 사랑하지 않는 사람도
없는 사람들에게는 얽매임이 없다.

〈담마빠다 211〉

친애에서 슬픔이 생기고
친애에서 두려움이 생긴다.
친애에서 벗어난 이에게는 슬픔이 없는데
어찌 두려움이 있으랴.

〈담마빠다 212〉

애착에서 슬픔이 생긴다.

애착에서 두려움이 생긴다.

애착에서 벗어난 이에게는 슬픔이 없는데

어찌 두려움이 있으랴.

〈담마빠다 213〉

∴

부모나 자식에 애착하는 것은 당연하다. 그러나 이런 애착은 이별의 큰 슬픔을 맞게 된
다. 그러니 지나친 애착에 사로잡히지 않는다면 슬픔이나 두려움이 생기지 않는다.

집착에서 슬픔이 생긴다
집착에서 두려움이 생긴다.
집착에서 벗어난 이에게는 슬픔이 없는데
어찌 두려움이 있으랴.

〈담마빠다 214〉

∴
집착은 자기도 모르게 자기 자신을 올가미처럼 묶어버린다. 그러니 이런 집착은 슬픔
과 두려움을 가져온다. 집착을 벗어나 몸과 마음이 평온하고 자유로워지면 슬픔이나
두려움을 겪지 않는다.

욕망에서 슬픔이 생기고
욕망에서 두려움이 생긴다.
욕망에서 벗어난 이에게는 슬픔이 없는데
어찌 두려움이 있으랴.

〈담마빠다 215〉

∴
인간의 끝없는 욕망은 황금이 소나기처럼 내려도 만족이 없다고 했다. 당연히 끝없는
욕망은 슬픔과 두려움을 가져온다. 욕망을 벗어나 만족할 줄 알 때 슬픔과 두려움에서
벗어난다.

갈애에서 슬픔이 생기고
갈애에서 두려움이 생긴다.
갈애에서 벗어난 이에게는 슬픔이 없는데
어찌 두려움이 있으랴.

〈담마빠다 216〉

계행과 통찰력을 갖추고,
담마에 입각하여 진리를 설하고,
자기 자신의 일을 하는,
그를 사람들은 사랑한다.

〈담마빠다 217〉

성냄을 버려라. 교만을 버려라.

모든 속박을 극복하라.

(더러움에서) 벗어나고

몸과 마음에 집착하지 않는 사람에게

괴로움은 생기지 않는다.

〈담마빠다 221〉

∵

인간의 나쁜 심성인 교만, 속박, 탐·진·치 같은 더러움, 집착에서 벗어나면 괴로움에
서 벗어난다는 가르침이다.

빗나가는 마차를 제어하듯이
일어난 분노를 제어할 수 있는 사람
그를 나는 마부라고 부른다.
다른 사람은 단지 고삐잡이일 뿐이다.
〈담마빠다 222〉

∵
성냄을 다스릴 줄 아는 사람은 어떤 사람일까? 평온하고 평상심을 유지하는 사람은 어떤 사람일까? 그는 자신을 다스림에 능숙한 사람이다. 그는 성나는 마음을 알아차리고 성내는 마음에 끌려가지 않는다.

자애로써 분노를 이기라.
선으로써 악을 이기라.
베풂으로써 인색한 자를 이기라.
진실로써 거짓말쟁이를 이기라.

〈담마빠다 223〉

∵

인간의 마음에는 양면이 동시에 존재한다. 분노와 자애, 선과 악, 인색과 베풂, 거짓말과 진실이 동시에 있다. 어느 것을 몰아내느냐에 따라 그 결과가 나타난다. 연민의 마음, 착한 마음, 베푸는 마음, 진실한 마음은 무엇과도 바꿀 수 없는 큰 재산이다.

진실을 말하라. 성내지 말라.
조금 있더라도 청하는 사람에게 베풀어라.
이 세 가지에 의해 그는 신들의 곁으로 가리.
〈담마빠다 224〉

∴

내가 가진 것 중 물건이나 재물을 나누는 것만 베푸는 것이 아니다. 도움이 필요한 사
람에게 친절히 하는 것도 베푸는 것이고, 노인들을 부축해 드리는 것도 베푸는 것이고,
버스 자리를 양보하는 것도 베푸는 것이다.

이것은 오래된 것이니 아뚤라!
이것은 단지 오늘의 일이 아니다.
조용히 앉아 있다고 비난한다.
말을 많이 한다고 비난한다.
알맞게 말해도 역시 비난한다.
세상에서 비난받지 않는 사람은 없다.

〈담마빠다 227〉

오직 비난만 받는 사람도,
오직 칭찬만 받는 사람도,
과거에도 없었고,
미래에도 없을 것이고,
현재에도 없다.

〈담마빠다 228〉

말의 성냄을 다스리라.
말로써 절제하라.
말의 악행을 버리고
말로써 선행을 하라.

〈담마빠다 232〉

마음의 성냄을 다스리라.
마음으로 절제하라.
마음의 악행을 버리고
마음으로써 선행을 하라

〈담마빠다 233〉

∴

화나는 마음을 다스리는 것은 쉬운 일이 아니다. 자신을 다스리고 절제하는 것도 쉬운 일이 아니다. 나쁜 마음을 물리치고 선한 마음으로 바꾸는 일도 쉬운 일이 아니다. 그러나 몸과 마음을 평소에 잘 다스리는 사람은 이것들이 일상이 될 것이니 그렇게 어렵지 않을 것이다.

몸으로 절제된 지혜로운 사람들,
또한 말로 절제되고
마음으로 절제된 지혜로운 사람들,
그들은 참으로 완벽하게 절제된 분들이다.

〈담마빠다 234〉

∴

몸과 말과 마음, 이 세 가지의 절제를 부처님은 강조하셨다. 이 세 가지로 악을 짓는다
고 하셨다. 몸으로는 온갖 나쁜 짓을 저지르게 된다. 말로는 온갖 욕과 나쁜 말로 죄를
짓게 된다. 마음으로는 온갖 악하고 더러운 마음으로 죄를 짓게 된다. 그러니 몸과 말
과 마음을 잘 절제하면 악에서 벗어난다는 가르침이다.

그대는 이제 낙엽과 같다.

게다가 염라대왕의 사자들도 그대를 기다리고 있다.

그대는 떠남의 문턱에 서 있다.

더구나 그대에게는 길 떠남의 양식(공덕)조차 없구나.

〈담마빠다 235〉

까마귀처럼 염치없고, (남을) 비방하고,

뻔뻔스럽고, 건방지고, 타락한,

부끄러움이 없는 사람의 삶은 (살기) 쉽다.

〈담마빠다 244〉

항상 청정함을 추구하고,

집착하지 않고, 건방지지 않고,

청정한 삶을 살고, 통찰력이 있는,

부끄러움을 아는 사람의 삶은 (살기) 어렵다.

〈담마빠다 245〉

누구든지 이 세상에서 생명을 죽이고,

거짓말을 하고, 주지 않는 것을 취하고,

남의 아내에게로 가고,

취하게 하는 술에 빠지는 사람은

바로 여기 이 세상에서 자신의 뿌리를 파낸다.

〈담마빠다 246, 247〉

∴
이 게송은 불교의 가장 중요한 계율인 오계(五戒)에 속한다. 이 다섯 가지 계율은 사람
을 바른길로 이끄는 나침판이다.

오, 그대여, 이와 같이 알라.
악한 것들은 '절제되지 못한 것'이라고.
탐욕과 사악함이 그대를
오랫동안 괴로움으로 억누르게 하지 말라.

〈담마빠다 248〉

∴
절제되지 못한 인간의 나쁜 본성은 악한 것이라고 강조한다. 탐욕과 악한 것들을 잘 다
스리기 위해서는 절제의 노력이 필요하다. 자기를 잘 관리하고 돌아보고 살피는 것이
중요하다.

욕망과 같은 불은 없고
증오와 같은 옥죔은 없고
어리석음과 같은 그물은 없고
갈애와 같은 강은 없다.

〈담마빠다 251〉

∴
욕망, 증오, 어리석음, 갈애는 괴로움의 근원이다. 갈애란 무엇인가? 끝없는 욕망, 채워
도 채워도 채워지지 않는 갈구를 말한다. 욕망이 넘치면 욕망의 불이 탄다. 극도의 증
오는 지옥을 겪게 된다. 한심한 어리석음은 그물과 같이 구속한다. 끝도 모르는 갈애는
마치 강과 같이 흐른다.

다른 사람의 잘못은 쉽게 보인다.

그러나 자신의 (잘못은) 보기 어렵다.

다른 사람의 잘못들은 왕겨처럼 까부른다.

그러나 자신의 (잘못은) 숨긴다.

교활한 도박꾼이 운이 나쁜 주사위를 감추듯이.

〈담마빠다 252〉

남의 잘못을 보고
항상 애를 태우는 사람은
그의 번뇌는 자라지만
번뇌의 소멸은 멀어진다.

〈담마빠다 253〉

∴

자신의 허물은 보기 어렵고 남의 허물은 확대경처럼 잘 보이니 이것이 인간의 좁은 안목인 듯하다. 남의 잘못을 보고 판단하기 전에 자신의 잘못을 돌아보고 남의 잘못이 자신의 마음을 휘젓지 못하도록 해야 한다. 남의 잘못을 보고 애를 태운다면 결국은 자신의 마음만 황폐해질 뿐이다.

어떤 경우에 성급하게 일을 하면
그런 이유로 그는 '진리에 서 있는
사람'이 되지 못한다.
지혜로운 사람은 옳고 그름의
양쪽을 (잘) 살펴야 한다.

〈담마빠다 256〉

성급하지 않고, 진리에 의해서 공정하게
다른 사람들을 인도하는 사람,
진리의 보호자, 지혜로운 사람은
'진리에 서 있는 사람'이라고 불린다.

〈담마빠다 257〉

∵

무슨 일이든 성급하게 처리하면 실수하기 쉽다. 그러니 차분히 상황을 돌아보고 행동
함이 좋다. '진리에 서 있는 사람'이란 누구인가? 진리대로 바른 삶을 사는 사람이다.
진리로 무장을 했기에 거짓이 들어올 수 없는 사람이다.

말을 많이 한다고 해서
그로 인해 지혜로운 사람인 것은 아니다.
평온하고, 증오가 없고, 두려움이 없는 사람
그는 지혜로운 사람이라 불린다.

〈담마빠다 258〉

머리카락이 세었다고 해서
테라가 되는 것은 아니다.
(단지) 나이만 먹었다면
그는 '헛되이 늙은 사람'이라고 불린다.
〈담마빠다 260〉

⸪

테라(thera)는 덕 높은 비구에 대한 존칭이다. 그러니 연로한 어르신에 대한 날카로운
지적이다. 나이만 많이 먹었다고 해서 어르신이 아니며, 어르신답게 너그럽게 행동해
야 어르신이다. 아직도 집착으로 움켜쥔다면 나이만 먹은 추한 어르신이 될 것이다.

언변 때문에
또는 용모의 아름다움에 의해서,
시기하고, 탐욕스럽고, 교활한 사람이
존경할 만한 사람이 되는 것은 아니다.
〈담마빠다 262〉

∴
용모가 잘 생겼으면 일단 호감이 간다. 말도 조리가 있고 능숙하다면 우선은 점수를 딴
다. 그런데 놓쳐서는 안 될 것이 있다. 그의 마음을 읽어내야 한다. 그가 시기와 질투심
이 많은지, 욕심이 많은지, 교활하고 간사한지 등을 살펴야 한다. 용모와 언변보다는
마음 씀씀이가 진짜다.

거짓을 말하고, 규범을 어기는 사람이
깎은 머리에 의해 사문인 것은 아니다.
욕망과 탐욕을 가진 사람이 어찌 사문이랴?

〈담마빠다 264〉

생명을 해친다면, 그로 인해
그는 거룩한 사람이 되지 못한다.
모든 생명에 대하여 해침이 없는 사람은
거룩한 분이라 불린다.

〈담마빠다 270〉

∴

부처님의 자비를 대표하는 것은 살아 있는 모든 생물에 대한 무한한 자애의 마음인 '살생하지 말라'이다. 인간이 힘이 세다는 이유로 다른 생물을 죽여서는 안 된다는 가르침이다. 나를 그들의 입장에 놓아보고 그들을 연민과 자비로 대하라고 가르치신다.

노력해야 할 때에 노력하지 않고,

젊고 강하지만 게으르고,

마음과 의지가 지쳐 빠진,

그런 무기력하고 나태한 사람은

지혜의 길을 찾지 못한다.

〈담마빠다 280〉

∴

부지런한 것은 앞으로 나가게 하는 원동력이다. 부지런한 것은 성공의 지름길이다. 또한 여기에서 지혜가 솟아난다. 여기에 무기력이나 나태함이 발붙일 곳은 없다.

말을 조심하고
마음을 잘 절제하고
몸으로 악행을 짓지 말라.
이 세 가지 행위의 길을 깨끗이 하라.
성자에 의해 알려진 길을 성취하라.

〈담마빠다 281〉

∴

몸으로 짓는 업, 입으로 짓는 업, 마음으로 짓는 업을 삼업(三業)이라 한다. 삼업은 수행
에 걸림돌이고 깨달음을 방해하는 큰 장애물이라고 하였다.

만일 작은 행복을 버림으로써
큰 행복을 본다면,
지혜로운 사람은 큰 행복을 보면서
작은 행복을 버려야 하리.

〈담마빠다 290〉

∴
작은 행복은 무엇이고 큰 행복은 무엇일까? 두 가지 중에서 작은 행복을 버려야 큰 행
복을 얻는다면 당연히 작은 행복에 연연하지 않을 것이다. 자신의 목표에 도달하는 데
걸림돌이 된다면 소소한 행복을 포기해야 할 것이다.

다른 사람에게 고통을 줌으로써
자신의 행복을 구하는 사람은,
증오의 속박에 얽혀서
증오에서 벗어나지 못한다.

〈담마빠다 291〉

∴
남에 대한 미움으로 가득 차서 상대방이 못 되기를 바란다면 자신이 잘 될 수 있겠는
가. 남을 증오하고 괴로움을 준다면 그 증오는 결국은 자신에게 돌아와서 자신을 괴롭
히게 된다. 인과응보의 도리이다.

해야 할 것은 하지 않고
하지 말아야 할 것은 하는,
교만하고 깨어 있지 못한 자들에게
번뇌는 늘어만 간다.

〈담마빠다 292〉

몸에 대한 마음챙김을 항상 잘 실천하고,
하지 말아야 할 것은 하지 않고,
해야 할 것은 끈기 있게 하고,
주의 깊고, 알아차리는 사람들에게
번뇌는 사라진다.

〈담마빠다 293〉

고따마의 제자들은 항상 잘 깨어 있다.

밤이나 낮이나 마음은 비폭력을 기뻐한다.

〈담마빠다 300〉

잘못 잡은 꾸사 풀잎이
바로 그 손을 베듯이
수행자의 삶도 잘못 운전 되면
자신을 지옥으로 끌어내린다.

〈담마빠다 311〉

만일 해야 할 일이 있다면 그것을 하라.

온 힘을 다해서 그것을 하라.

참으로 나태한 수행자는 더욱더 먼지를 뿌린다.

〈담마빠다 313〉

∴

게으른 수행자에 대한 경책이다. '해야 할 일은 최선을 다해서 하라'는 말보다 더 확실한 조언이 있을까? 명상을 하든, 일을 하든, 청소를 하든, 무엇을 하든 최선을 다할 때 그 결과는 좋은 열매를 가져온다.

악행은 짓지 않는 것이 더 좋다.
악행은 후에 고통을 준다.
선행은 하는 것이 더 좋다.
(선행은) 행하고 나서 후회하지 않는다.

〈담마빠다 314〉

∴

원인이 있으면 거기에는 그 과보가 따라온다. 악을 지으면 악한 과보가 오고, 선을 지으면 선한 과보가 온다. 그런데 이 과보 때문에 선행을 하라는 것은 아니다. 선행을 하면 자신이 편안하고 행복하기 때문이며, 악행을 하면 행복하지 않기 때문이다.

잘못을 잘못으로 알고
잘못 아닌 것을 잘못 아닌 것으로 아는
바른 견해를 가진
그런 사람들은 행복한 곳으로 간다.

〈담마빠다 319〉

∴

보통 사람들은 잘못하고서도 자기 의견을 고집한다. 자신이 무엇을 잘못했는지 모르기 때문이다. 자신이 무엇을 잘못했는지 알아차린다면 그는 지혜로운 사람이다. 자신을 바로 그대로 알고 자신이 모자라면 모자란 대로 인정하는 솔직함과 용기가 있어야 한다. 자신이 모자람을 인정한다면 더 큰 진보와 더 큰 발전을 할 수 있다.

코끼리가 전쟁터에서
활로 쏜 화살을 참아내듯이
나는 욕설을 참아 내리라,
참으로 많은 사람들은 성품이 나쁘기에.
〈담마빠다 320〉

∴

사람들은 제각각이다 보니 서로 남을 비방하고 욕설을 하기도 한다. 특히 인터넷 댓글
이 그렇다. 이런 일들에 일일이 다 대항해서 싸운다면 아마도 자신의 삶은 너무나 황폐
해질 것이다. 이 세상살이에 대한 불완전함과 어려움으로 넘기고 참아내야 할 것이다.

길들여진 노새도 훌륭하다.
인더스 강 유역의 명마도,
큰 상아 코끼리도 훌륭하다.
그러나 자신을 다스린 분은 더욱더 훌륭하다

〈담마빠다 322〉

∴
모든 훌륭한 것들 가운데서 가장 훌륭한 것은 자신을 다스리는 일임을 강조하신다. 그
만큼 자신을 다스리기란 어렵다. 그러나 자신을 다스린 사람은 자신을 정복하고 이긴
사람이다.

게으로고, 많이 먹고, 졸고,
곡식으로 사육한 큰 돼지처럼
누워서 뒹굴 때, 이런 어리석은 사람은
반복해서 모태에 든다.

〈담마빠다 325〉

전에는 이 마음이 좋아하는 대로,
좋아하는 곳으로, 쾌락을 쫓아서 떠돌았다.
오늘 나는 그것을 지혜롭게 절제하리라.
코끼리 조련사가 사나운 코끼리를
갈고리 막대기로 제어하듯이.

〈담마빠다 326〉

깨어 있음을 기뻐하라.
자신의 마음을 지키라.
어려운 길에서 자신을 끌어내어라,
진흙에 빠진 상아 코끼리가 자신을 끌어내듯이.

〈담마빠다 327〉

∴

이 세상살이가 쉽지만은 않다. 깊은 수렁에 빠질 수도 있고 수많은 유혹에 넘어갈 수도 있다. 그런데 중요한 것은 수렁인 줄 알아차리고, 유혹인 줄 알아차리는 일이다. 악마의 소굴인 줄 알아차리면 즉시 자신을 끌어낼 수 있을 것이다.

만일 훌륭한 삶을 사는 지혜로운 사람인,
함께 지낼 분별 있는 친구를 얻는다면
모든 위험을 극복하고, 기쁘게 그리고 주의 깊게
그와 함께 가라.

〈담마빠다 328〉

∴
좋은 친구에 대해서는 아무리 강조해도 지나치지 않다. 좋은 친구로 인하여 자신의 삶
이 좋은 방향으로 갈 수도 있고, 나쁜 친구로 인하여 나쁜 방향으로 갈 수 있기 때문이
다. 좋은 친구란 어떤 친구일까? 훌륭한 삶을 사는 지혜토운 친구를 말한다. 좋은 친구
얻기만을 바랄 것이 아니라 자신이 좋은 친구가 되어줄 수 있어야겠다.

만일 훌륭한 삶을 사는 지혜로운 사람인,
함께 지낼 분별 있는 친구를 얻지 못하면,
정복한 왕국을 떠나는 왕처럼
코끼리 숲 속의 코끼리처럼 혼자서 가라.

〈담마빠다 329〉

홀로 사는 것이 더 낫다.

어리석은 자와의 교우 관계는 없다.

코끼리 숲에 있는 코끼리처럼

근심 걱정 없이, 악을 짓지 말고 혼자서 가라.

〈담마빠다 330〉

일이 생겼을 때 벗들이 (있음은) 행복이고
모든 면에서 만족이 행복이고
생의 마지막에 공덕이 행복이고
모든 괴로움의 소멸이 행복이다.

〈담마빠다 331〉

∴
일이 생겼을 때 비로소 참된 친구의 중요성을 느낀다. 좋은 친구는 정신적으로 모든 것
을 털어놓을 수 있고 낡은 옷처럼 아주 편하고, 어떤 경우에도 자기 편이 되어준다. 만
족하며 감사하고, 남에게 베풀고 그릇된 삶을 살지 않는다면 행복한 삶을 살 것이다.

이 세상에서 이 저열한
들러붙는 갈애에 정복당한 사람은
그의 슬픔은 자란다.
비 맞은 비라나 풀처럼.

〈담마빠다 335〉

이 세상에서 극복하기 어려운
이 저열한 갈애를 극복한 사람은
그로부터 슬픔은 떨어져 나간다.
연잎에서 물방울이 떨어져 나가듯이.

〈담마빠다 336〉

❖

끝을 모르는 욕망을 갈애라고 한다. 끝이 없으니 욕망을 이겨내기란 어렵다. 조금 더
나은 것, 조금 더 좋은 것을 갖고 싶고, 돈을 조금 더 많이 벌어야겠다는 유혹은 무섭게
압박하면서 다가온다. 이런 과정에서 너무 욕심이 과하여 비참의 나락으로 떨어지는
경우를 많이 보게 된다.

나는 그대들에게 말한다.

여기 모인 그대들 모두가 편안하기를 바란다.

우시라 향을 (얻기) 위해 비라나 풀을 캐듯이

갈애의 뿌리를 캐내어라.

물살이 (강가의) 갈대를 파괴하듯이

악마가 그대들을 거듭 파괴하게 하지 말라.

〈담마빠다 337〉

뿌리가 다치지 않고 견고하면
나무가 잘려도 다시 자란다.
이처럼 숨어 있는 갈애가 뿌리 뽑히지 않으면
이 괴로움은 거듭 일어난다.

〈담마빠다 338〉

재물은 어리석은 자를 파괴한다.
그러나 피안을 구하는 자들은 아니다.
어리석은 자는 재물에 대한 갈애로
자기 자신을 파괴한다. 마치 다른 사람을 (파괴하듯이).
〈담마빠다 355〉

∴
피안을 구하는 자들은 누구인가? 피안이란 탐·진·치 등의 모든 더러운 번뇌에서 벗어난 경지를 말한다. 그러니 바른 삶을 살고 탐·진·치에서 벗어난 사람은 재물에 대한 갈애가 일어나지 않는다. 그러나 어리석은 자는 자기보다도 재물이 더 소중한 것처럼 여기니, 자기가 없으면 재물이 무슨 소용인가를 깨닫지 못한다.

눈을 자제하는 것은 훌륭하고
귀를 자제하는 것은 훌륭하고
코를 자제하는 것은 훌륭하고
혀를 자제하는 것은 훌륭하다.

〈담마빠다 360〉

몸을 자제하는 것은 훌륭하고
말을 자제하는 것은 훌륭하고
마음을 자제하는 것은 훌륭하고
모든 것을 자제하는 것은 훌륭하다.
모든 면에서 자제하는 비구는
모든 괴로움에서 벗어난다.

〈담마빠다 361〉

손을 삼가고, 발을 삼가고,

말을 삼가고, 최상으로 삼가는 사람,

안으로 기뻐하고, 주의 깊고,

한적하고, 만족한 사람, 그를 비구라 부른다.

〈담마빠다 362〉

❖
수행자의 덕목을 말하고 있다. 신·구·의(身·口·意), 몸으로 짓는 것, 말로 짓는 것, 마음
으로 짓는 것을 말한다. 이 세 가지로 선업이든 악업이든 업을 짓는다. 이 셋을 깨끗이
하는 것은 모든 수행의 근본이다. 수행자는 자아성찰과 자기 관리, 자기 다스림에 의하
여 신·구·의를 깨끗이 한다.

입을 삼가는 비구,

지혜롭게 말하고, 교만하지 않고,

담마의 뜻을 설명하는 사람,

그의 말은 참으로 감미롭다.

〈담마빠다 363〉

∴

말을 다스리고 자제할 줄 아는 사람은 참으로 훌륭한 사람임에 틀림없다. 말로써 수많
은 업을 쌓기 때문이다.

오온의 일어남과 사라짐을 사무치게 이해할 때,
그는 기쁨과 즐거움을 얻는다.
(이것을) 아는 이들에게
그것은 감로수이다.

〈담마빠다 374〉

몸이 고요하고, 말이 고요하고,
마음이 고요하고, 잘 안정되어 있고
세상의 물질적인 것들을 내던져버린 비구는
참으로 '평화로운 분'이라 불린다.

〈담마빠다 378〉

∴

마음이 고요하고, 말이 고요하고, 몸이 고요하고, 잘 안정될 때는 언제일까? 마음이 평
화로울 때이다. 평화로운 들녘을 볼 때처럼, 졸졸졸 흘러가는 개울물을 볼 때처럼, 산
자락에 이름 모를 야생화가 흐드러진 것을 볼 때처럼, 마음은 텅 비어 있어 자유로우니
한없이 평화롭다.

스스로 자신을 경책하라.
스스로 자신을 성찰하라.
자신이 지켜지고 마음집중에 머물면
오, 비구여, 그대는 행복하게 살아가리.

〈담마빠다 379〉

∵

자신에 대한 경책이란 스스로를 좋게만 대하는 것이 아니라 잘못된 방향을 엄하게 꾸짖는 것이다. 그래서 또 다시 그런 실수를 하지 않도록 단단히 경고하는 것이다. 성찰은 자신을 돌아보고 살피는 것이다. 이렇게 함으로써 자신은 잘 다스려질 것이고 바른 길로 나아갈 것이다. 마음집중을 함으로써 마음은 텅 비게 되고 번뇌망상에서 해방된다. 매 순간 집중에 머물면 커다란 정신의 힘을 얻게 된다.

참으로 자기는 자기 자신의 의지처이고
참으로 자기는 자기 자신의 안내자이다.
그러므로 상인이 훌륭한 말을 다스리듯이
자기 자신을 다스리라.

〈담마빠다 380〉

2

숫따니빠따

존귀하신 분은 말씀하셨다.

"아들이 있는 사람은 아들로 인해 슬퍼한다. 마찬가지로 소를 가진 이는 소로 인해 슬퍼한다. 집착의 (대상은) 사람에게 슬픔이 된다. 집착이 없는 사람에게는 슬퍼할 것이 없다."

〈숫따니빠따 34〉

교제하는 사람에게는 애정이 생긴다.
애정을 따라서 괴로움이 생긴다.
애정에서 일어난 위험을 보고서,
코뿔소의 뿔처럼 혼자서 가라.

〈숫따니빠따 36〉

∴

혼자 가면 외로울 텐데 둘이서, 아니면 여럿이서 함께 가라고 하지 않고 왜 '혼자서' 가
라고 했을까? 좋아하고 사랑하면 애정이 생긴다. 그런데 각양각색의 사람이 만나기에
당연히 의견 충돌이 있게 마련이다. 시원한 숲의 향기 같은 기대는 깨지고, 애정이 깊
을수록 서로에게 지나치게 집착하고 구속하게 된다. 그래서 괴로움이 생기게 된다. 그
러니 혼자서 가라는 가르침이다.

친구들과 동료들과 동정심으로
마음이 묶여서 목표를 잃게 된다.
친교의 이 두려움을 보고서,
코뿔소의 뿔처럼 혼자서 가라.
〈숫따니빠따 37〉

∴
'친구 따라 강남 간다'는 말이 있다. 즉 자의든 타의든 친구에 휩쓸려가게 된다는 것이
다. 친구를 거절하지 못하는 여린 마음에서 더욱더 휩쓸리기 쉽다. '한 번만'이라고 다
짐하지만 한번 휩쓸리게 되면 자동적으로 반복하기 십상이다. 좋은 친구는 든든한 조
언자가 되지만, 나쁜 친구는 걸림돌이 되어 번뇌를 뿌릴 뿐이다. 그러니 차라리 혼자서
가라는 가르침이다.

자식과 아내에 대한 기대는
넓게 가지를 뻗은 대나무가 얽힌 것과 같다.
대나무 순이 서로 들러붙지 않듯이,
코뿔소의 뿔처럼 혼자서 가라.

〈숫따니빠따 38〉

∴
부부간이나 자식 간에는 엄청나게 기대치가 높다. 자신의 눈높이에 따라 기준을 정해 놓고 그 기대에 미치지 못할 때는 갈등이 생기고 괴로움이 생긴다. 마치 대나무가 얽혀 있듯이 그렇게 들러붙어 집착되어 있기에 많은 것들을 기대하기 때문이다. 부처님은 가정생활을 부정하는 것은 아니다. 다만 남들이 다 가는 똑같은 길을 가지 않고, 어디에 도 얽매이지 않고 걸림이 없는 대 자유의 길을 택했을 뿐이다.

묶여 있지 않은 사슴이 숲에서 먹이를 찾아,
원하는 곳은 어디든지 가듯이
지혜로운 사람은 자유를 찾아,
코뿔소의 뿔처럼 혼자서 가라.
〈숫따니빠따 39〉

∴
'자유'는 공기와 같이 가장 소중한 가치임은 아무리 강조해도 지나치지 않다. 여기에서
부처님이 말씀하시는 자유는 어디에도 얽매임 없이, 속박됨 없이, 집착을 벗어나 괴로움
이 없는 자유로운 경지, 근심 걱정을 벗어난 걸릴 것이 없는 자유의 세계를 말씀하신다.

동료들 사이에서 머물거나,
서 있거나, 가거나, 유행하면 요구가 있게 된다.
탐내지 않는 자유를 찾아,
코뿔소의 뿔처럼 혼자서 가라.

〈숫따니빠따 40〉

❖

여러 사람이 함께 있을 때에는 사람 숫자만큼이나 다양한 요구와 건의 사항이 있게 된다. 자신이 원하지 않는 것들도 있고 억지로 따라가야 하는 경우도 생긴다. 그럼에도 불구하고 사람들은 함께 있는 것을 더 선호하고 자유로운 홀로의 길을 별로 달가워하지 않는다. 그렇지만 광활한 대지와 같은 그런 자유의 세계를 찾아 혼자서 가라고 가르치신다.

동료들 사이에 오락과 즐거움이 있고
자식들에 대한 커다란 애정이 있다.
사랑하는 사람과의 이별이 싫다면,
코뿔소의 뿔처럼 혼자서 가라.

〈숫따니빠따 41〉

만일 확고하고 선한 삶을 사는
지혜로운 친구를 얻는다면,
모든 위험을 극복하고 기쁘게
깨어 있는 마음으로 그와 함께 가라.

〈숫따니빠따 45〉

::
좋은 친구를 만나기란 쉬운 일이 아니다. 더구나 확고한 자기 소신이 있고, 선한 삶을
살고 거기다 지혜로운 친구를 만난다면 어떤 난관이 닥치더라도 그와 함께 가라는 가
르침이다. 깨어 있는 마음이란 부지런하고 방심하지 않고, 항상 자신을 성찰하고 다스
리고 마음챙김을 놓치지 않는 것이다. 이런 사람은 좋은 친구를 영원히 옆에 둘 것이다.

만일 확고하고 선한 삶을 사는
지혜로운 친구를 얻지 못한다면,
정복한 왕국을 버리는 왕처럼,
코뿔소의 뿔처럼 혼자서 가라.

〈숫따니빠따 46〉

∴
친구는 많지만 그 친구들로 인하여 근심 걱정과 번뇌가 많이 생기고 머리가 아프다면
계속 이런 친구를 가까이 해야 할 것인가? 아니면 관계를 끊어야 할 것인가? 아무리 좋
은 것, 값진 것이라 할지라도 자신에게 맞지 않으면 모두 헛것이다. 친구로 인하여 나
쁜 영향을 받는다면, 친구로 인하여 번뇌망상이 늘고 마음이 늘 평화롭지 않다면 차라
리 혼자서 가라.

우리는 참으로 친구를 얻은 행운을 기린다.
자기보다 낫거나 동등한 친구와 가까이 사귀어야 한다.
그런 친구를 만나지 못하면 허물없이 살며,
코뿔소의 뿔처럼 혼자서 가라.

〈숫따니빠따 47〉

∴

어떤 친구를 사귀어야 할까? 성품이 안온하고 진솔하고 신뢰심이 가는 사람, 지향점이
같고, 생각하는 방향이 같은 사람, 내가 뭔가 배울 만한 사람이라면 자신이 가는 길이
훨씬 더 편하고 쉬울 것이다. 그러나 현실에서 그런 친구를 만나기는 쉽지 않다. 그러
니 그런 친구를 못 만난다면 그냥 자유롭게 얽매임 없이 홀로 가라는 가르침이다.

금 세공사에 의해 잘 만들어진
빛나는 황금의 (팔찌) 두 개가,
(한) 팔에서 함께 부딪치는 것을 보고,
코뿔소의 뿔처럼 혼자서 가라.

〈숫따니빠따 48〉

∴
동그란 팔찌 두 개를 착용하였으니 두 개가 부딪칠 것은 당연한 일이다. 팔이 움직일
때마다 부딪친다. 두 개의 팔찌가 부딪치듯이 인간도 함께 있으면 서로 부딪치는 것은
당연하다. 이것이 인간 세상의 현실이다. 그러면 안 부딪치려면 어떻게 해야 할까? 간
단하다. 함께 있지 않으면 된다. 그러니 혼자서 가라는 가르침이다.

이처럼 두 사람이 함께 있으면
잔소리와 말다툼이 일어나리라.
장차 이 두려움을 보고,
코뿔소의 뿔처럼 혼자서 가라.

〈숫따니빠따 49〉

참으로 감각적 쾌락들은 다양하고, 달콤하고, 즐거워서
그들의 여러 가지 모습으로 마음을 휘젓는다.
감각적 쾌락의 가닥들에서 위험을 보고,
코뿔소의 뿔처럼 혼자서 가라.
〈숫따니빠따 50〉

∴
감각적 쾌락이란 감각기관을 유혹하여 거기에 빠져드는 것을 말한다. 그러니 쾌락의
친구들과 어울리지 말고 혼자서 가라는 가르침이다.

탐욕 없이, 속임 없이, 갈애 없이, 거짓 없이,
더러움과 어리석음을 날려버리고
온 세상에 대한 집착 없이,
코뿔소의 뿔처럼 혼자서 가라.

〈숫따니빠따 56〉

∴
탐욕은 인간의 근원적인 욕심이다. 그러나 지나친 탐욕은 자신을 옭아매는 족쇄와 같다. 그 결과로 행복과 평화를 잃게 된다. 속임이나 거짓은 인간관계에서 신뢰심을 잃게 되는 가장 큰 원인이며 정직함은 신뢰심을 쌓는 데에 가장 소중한 요인이다.

유익함을 보지 못하고
나쁜 행동에 빠져버린 악한 친구를 멀리 하라.
그릇된 견해에 빠진 자, 태만한 자를 가까이하지 말고,
코뿔소의 뿔처럼 혼자서 가라.

〈숫따니빠따 57〉

∴
나쁜 친구와 가까이하면 자신도 모르게 물들게 된다. 생각이 바르지 못할 때 자신에게
는 물론 남에게도 큰 해를 입힌다. 바른 생각은 자신을 바른길로 가게 해주는 운전수이
다. 게으른 사람은 핑계가 많다. 더우면 너무 덥다, 추우면 너무 춥다, 바람 불면 너무 바
람이 분다, 비가 오면 너무 비가 온다, 이런 식으로 얼렁뚱땅 세월을 보내고 할 일을 하
지 않는다.

널리 배워 가르침을 마음으로 아는
고매하고 지혜로운 친구를 사귀어라.
유익한 (길을) 알고 의심을 버리고,
코뿔소의 뿔처럼 혼자서 가라.

〈숫따니빠따 58〉

∴
많은 것들을 배우면 그만큼 시야가 넓어지고 가르침에 대한 이해의 폭이 넓어진다. 그래서 가르침의 드러나지 않은 것까지도 꿰뚫을 수 있는 혜안이 생긴다. 그러니 가르침을 말로만 아는 것이 아니라 온몸에 배어들어 마음으로 아는 것이다. 이 경지에 이르면 지혜가 우러나오게 된다.

이것은 집착이다. 여기에는 행복도 적고 만족도 적다.
여기에는 괴로움은 더 많다.
이것은 낚싯바늘이라고 알고서 지혜로운 이는,
코뿔소의 뿔처럼 혼자서 가라.

〈숫따니빠따 61〉

∵
세상살이에는 수많은 유혹이 있다. 그 유혹을 이겨내기 위해서는 지혜가 필요하다. 유
혹을 유혹이라고 알아채는 것이 중요하다. 날카로운 낚싯바늘에는 가장 유혹적인 미
끼가 걸려 있다. 낚싯바늘에 걸려든 물고기가 비참하게 되는 것처럼 잠시 잠간의 유혹
에 걸려들지 말고 담대히 혼자서 가라는 가르침이다.

이전의 행복도 괴로움도 버리고,
환희도 슬픔도 버리고,
순수하고 고요한 평정을 얻고서,
코뿔소의 뿔처럼 혼자서 가라.

〈숫따니빠따 67〉

※
이 게송은 수행의 네 가지 단계인 사선정(四禪定)에 대한 가르침이다. 사선정의 가장 마
지막 단계는 희·노·애·락과 같은 모든 감정의 파도들을 다 초월하고 넘어서는 단계이
다. 그래서 희노애락의 감정에 끌려가지도 않고, 사로잡히지도 않고, 집착하지도 않게
된다. 다만 평정에 의하여 도달한 마음챙김의 순수함만이 있다.

소리에 놀라지 않는 사자처럼
그물에 걸리지 않는 바람처럼
물에 더렵혀지지 않는 연꽃처럼
코뿔소의 뿔처럼 혼자서 가라.

〈숫따니빠따 71〉

∴
두려워하지 않는 사자의 모습에서 걸림이 없는 자유를 말한다. 바람을 볼 수 있는가?
만질 수 있는가? 그러나 나뭇잎이 흔들릴 때 바람은 지나가고 있다. 그물에 걸리지 않
으니 어디에든 자유롭게 오고 간다. 바람은 자유의 대명사이다. 연꽃은 더러운 진흙탕
물에서 자라지만 결코 더러움에 물들지 않고 고고한 꽃이 피어난다. 이것들처럼 자유
롭게 혼자서 가라는 가르침이다.

자애, 평정, 자비, 해탈,
기쁨을 때맞추어 닦고
온 세상에 의해 방해받지 않고
코뿔소의 뿔처럼 혼자서 가라.

〈숫따니빠따 73〉

∴
이 게송은 한량없는 마음의 해탈(사무량심)로 잘 알려져 있다. 해탈이란 탐·진·치, 욕망
등의 모든 번뇌에서 해방되어 자유롭게 된 것. 일체의 속박에서 벗어난 대 자유인의 경
지를 말한다. 이처럼 사무량심을 닦아 어떤 구속도 없이 자유롭게 혼자서 가라는 가르
침이다.

욕망과 성냄과 어리석음을 버리고
속박을 부수고
목숨이 흩어질 때에도 두려워하지 않고
코뿔소의 뿔처럼 혼자서 가라.

〈숫따니빠따 74〉

∴

욕망, 성냄, 어리석음은 탐·진·치, 삼업이라 하여 경계하는 것이다. 인간의 끝을 모르
는 욕망, 분노가 불처럼 일어나 평화를 앗아가는 성냄, 지혜가 모자라 잘못된 길로 가
는 어리석음에서 벗어나라고 가르치신다. 여기에서 벗어나 자유로운 경지에 이르면
무엇이 두려울 것인가. 이 세상을 마감하고 사라져 간다 해도 무엇이 두려우랴. 그러니
이 자유로운 경지를 찾아 혼자서 가라는 가르침이다.

자기의 이익을 위해 사귀고 의지한다.
오늘날 동기 없는 친구들은 보기 드물다.
자기의 이익에 밝은 자는 순수하지 못하니,
코뿔소의 뿔처럼 혼자서 가라.

〈숫따니빠따 75〉

∵

누군가가 성품이 저질이라 좋아하지 않지만 돈이 많으니 사귄다면 그 친구가 돈으로
보일 것이다. 이런 사람은 순수하지 못하기 때문에 결국은 파탄으로 끝날 것이다. 어떻
게 소중한 친구의 사귐을 돈으로 따지겠는가. 아니면 명예, 학벌, 용모, 가문으로 따지
겠는가? 가장 것은 성품이다. 인간 됨됨이가 바로 서 있지 않으면 모든 것은 말짱 헛것
이다.

몸을 절제하고, 말을 절제하고,
배에 맞게 음식을 절제하고,
진리를 잡초 제거의 도구로 삼고,
온화함은 (멍에를) 벗음입니다.

〈숫따니빠따 78〉

∴
수행에서 가장 중요한 기초는 자신을 다스리는 일이다. 행동을 절제하고, 말을 절제하
고, 마음을 잘 다스리는 일이다. 잡초란 번뇌 망상, 수많은 유혹들을 말한다. 멍에는 짐
을 말한다. 짐을 무겁게 지고 갈 필요가 없다. 누구에게나 온화하게 대하고 스스로 마
음이 온화하다면 번뇌의 짐, 집착의 짐, 교만의 짐 등 모든 짐을 벗을 것이다.

"할 수 있으면서도 늙고 젊음이 가버린
어머니나 아버지를 돌보지 않는다면
그것이 파멸의 문이다."

〈숫따니빠따 98〉

∴
한국 부모들은 자식들을 위해 헌신적이고 모든 것을 다 내어준다. 그러다 보니 정작 자신들의 노후는 생각도 안 한다. 늙고 병들면 천덕꾸러기가 되어 자식들의 집을 전전한다. 이게 과연 현명한 인생일까? 이제는 한국 부모들도 자신을 좀 더 생각하고 노후대책도 세워야 하지 않을까? 늙어서 자식에게 의지하겠다는 생각은 말아야 한다.

"엄청난 재물과 황금과 식품을 가진 사람이
혼자서 맛있는 것을 먹는다면
그것이 파멸의 문이다."
〈숫따니빠따 102〉

∵

아주 많은 부를 이룬 사람, 이런 사람들은 그 재물을 어떻게 써야 할까? 어떻게 써야 가치 있게 쓰는 것일까? 그 답은 간단하다. 많은 사람들의 행복을 위해 무언가 하는 것이다. 공원을 만드는 일, 공공 도서관을 짓는 일, 가난한 이들을 위해 무료 급식소를 운영하는 일 등 많은 사람들의 행복을 위한 일들은 엄청 많다. 많은 재물을 가진 사람들이 사회에 환원하는 것이 재물의 참된 가치인 것이다.

"여자에 빠지고, 술과 도박에 빠진 불량배,
버는 것마다 낭비해 버리는 사람,
그것이 파멸의 문이다."

〈숫따니빠따 106〉

∴

술, 도박, 이성의 유혹에 완전히 빠져서 헤어나지 못할 때 자신이 파멸함은 물론, 가정
도 파멸로 이끈다. 술이나 도박, 이성은 밑 빠진 독에 쿨 붓기와 같아서, 재산이 남아날
리 없다. 그 유혹과 중독성은 끈질기고 완강해서 끊어버리기란 쉽지 않다. 그러나 나는
누구인지, 왜 사는지를 깊이 고민하는 사람은 헤어날 것이다.

이 세상에서 어리석음에 휩싸여
사소한 것을 욕심내어 사실이 아닌 것을 말하는 사람,
그를 천한 사람이라고 알아야 하오.

〈숫따니빠따 131〉

출생에 의해 천한 사람이 되는 것이 아니오.
출생에 의해 브라흐민이 되는 것도 아니오.
행위에 의해 천한 사람이 되고,
행위에 의해 브라흐민이 되는 것이오.

〈숫따니빠따 136〉

∴

인도는 사성 계급으로 백성을 구분하여 제일 낮은 계급인 천민은 인간 취급도 받지 못했다. 부처님은 혁명가와도 같았다. 가장 높은 계급인 브라흐민(사제)도 출생에 의해 계급이 결정되는 것이 아니고, 천민 계급도 출생에 의해 천민 계급이 되는 것이 아니고, 다만 행위에 의해 사제도 되고 천민도 된다고 폭탄선언을 하신 것이다. 2,500년 전에 이미 부처님은 평등을 천명하신 선각자셨다.

출생에 의해 천한 사람이 되는 것이 아니오.

출생에 의해 브라흐민이 되는 것도 아니오.

행위에 의해 천한 사람이 되고,

행위에 의해 브라흐민이 되는 것이오.

〈숫따니빠따 142〉

∴
우리나라 역사에도 계급이 있었다. 양반은 태어나면서부터 양반이었고 천민은 태어나면서부터 천민이었다. 그러나 부처님은 이것을 깨부수었다. 양반과 천민이 따로 있는 것이 아니라는 폭탄선언이었다. 왕자의 몸으로 출가를 하신 부처님의 평등사상으로 인하여 제관 가운데에도 부처님 제자가 되는 사람이 많았다.

이것은 평화로운 경지를 얻고서,
선한 것을 찾는 데에 능숙한 사람이 행해야만 하는 것이다.
유능하고, 정직하고, 청렴하고,
온순하고, 상냥하고, 교만하지 말아야 한다.

〈숫따니빠따 143〉

다른 지혜로운 사람들이 비난할 만한
사소한 행동이라도 하지 말아야 한다.
존재하는 모든 것들은
행복하라. 평안하라. 편안하라.

〈숫따니빠따 145〉

어떤 살아 있는 존재들이건,

동물이거나 식물이거나 남김없이,

길거나 크거나 중간이거나,

짧거나 조그맣거나 거대하거나,

보이는 것이나 보이지 않는 것이나,

멀리 사는 것이나 가까이 사는 것이나,

태어난 것이나 태어날 것이나,

존재하는 모든 것들은 행복하라.

〈숫따니빠따 146, 147〉

다른 사람을 속여서는 안 된다.

어디에서나 누구든지 업신여겨서는 안 된다.

성냄 때문에, 또는 미움 때문에

서로의 고통을 바라서는 안 된다.

〈숫따니빠따 148〉

∴

남을 속이면 양심의 가책을 받게 되고 자신을 파멸로 이끈다. 인간관계는 신뢰에서 다져진다. 신뢰는 재산이다. 교만할 때 남을 업신여기게 된다. 외관이 어떻든 남을 대하는 태도에서 그의 인품이 드러난다. 미워하는 마음, 화내는 마음은 자신의 마음에 상처를 입힌다. 남에게 화를 내면 그 사람도 또한 마음의 상처를 받는다. 그러니 서로의 마음을 할퀴는 증오와 성냄은 아무에게도 이득이 없다.

어머니가 자신의 외아들을
목숨을 걸고 지키듯이,
그처럼 모든 존재에 대하여
한량없는 (자비의) 마음을 닦아야 한다.

〈숫따니빠따 149〉

∴

얕은 물도 겁이 나서 건너지 못하는 새끼 코끼리를 보고, 어미 코끼리는 애가 탄다. 부
처님의 대표적인 가르침은 자비, 자애이다. 살아 있는 모든 존재에 대한 한량없는 연민
의 마음이다. 자식을 지키는 어머니의 사랑이다. 이런 살아 있는 모든 존재에 대한 연
민과 자비는 불교 계율 중 첫 번째인 '살생하지 말라'는 가르침은 무한한 자비로 모든
중생을 보듬고 포용하는 어머니의 마음이다.

위로, 아래로, 옆으로,

장애 없이, 원한 없이, 증오 없이,

온 세상에 대하여

한량없는 자애의 마음을 닦아야 한다.

〈숫따니빠따 150〉

∴
어떻게 자애를 실천하는가? 수행자는 동·서·남·북 온 천지 사방을 자애의 마음으로
물들이면서 머문다. 남을 미워함 없이 온 세상에 대하여 무한한 자애심으로 가득 채워
서 살아간다. 온통 물들었으니 그가 하는 말이나 행동, 마음 씀씀이 등은 온통 자애에
서 우러난 것들이다. 미워하고 증오하는 데는 자애는 없다. 자애의 마음은 온 천지 사
방에 퍼져 나가야 한다. 주어도주어도 줄지 않는 무한한 사랑인 모성애와 같은 자애의
마음은 모든 덕성 가운데 최고이다.

서 있거나, 가거나, 앉아 있거나,
누워 있거나, 깨어 있는 한
(자애에 대한) 마음집중을 닦아야 한다.
이것이 이 세상에서 청정한 삶이라고 불린다.

〈숫따니빠따 151〉

∴
마음집중의 방법으로 남방불교에서는 '들이쉬는 숨과 내쉬는 숨을 관찰하는 것'이 대
표적이고, 대승불교에서는 '화두'를 챙기는 일을 꼽는다. 모두 번뇌 없는 하나된 마음
을 위한 것이다. 가거나, 머물거나, 앉아 있거나, 누워 있거나 모든 현상에 마음집중은
계속되어야 한다. 이것이 오로지 마음집중에 머무는 것이다. 이 게송에서는 특별히 자
애에 대한 마음집중을 연마할 것을 강조한다.

"세상 사람들이 괴로워한다는
그 집착이란 무엇입니까?
벗어나는 길을 여쭈오니,
어떻게 괴로움에서 벗어나는지 말씀해 주십시오."

"세상에는 다섯 가지 감각적 쾌락과
여섯 번째로 마음이 있다.
이런 것들에 대한 욕망을 버리면
괴로움에서 벗어난다."

〈숫따니빠따 170, 171〉

"합당한 것을 하고,
인내하고, 노력하는 사람은 재물을 얻는다.
진실로써 명성을 얻는다.
베풀면 친구들을 맺을 수 있다."
〈숫따니빠따 187〉

∴
'합당한 것을 한다'는 말씀은 새겨들어야 할 것 같다. 해야 할 일은 제때에 하고, 하지
말아야 할 것은 하지 않으면 된다. 간단하다. 그런데 해야 할 일은 제때에 하지 않고, 하
지 말아야 할 것을 하는 데에서 문제가 생긴다. 친구 간에도 이기적으로 굴 때 친구들
은 등을 돌린다. 좋은 것은 친구에게 주고, 좋은 자리는 친구가 앉게 하는 등의 사소한
것에서부터 베푸는 마음 씀씀이가 좋은 친구가 될 수 있는 마음가짐이다.

저 죽은 송장도 전에는 이 몸과 같았을 것이고,
이 몸도 언젠가는 저 죽은 송장과 같이 될 것이다.
(이처럼 알고) 안으로나 밖으로나
몸에 대한 욕망에서 벗어나야 한다.
〈숫따니빠따 203〉

이미 생겨난 (번뇌는) 뿌리째 잘라버리고,

(새로 번뇌를) 심지 않고,

(미래에 번뇌가) 자라도록 물기를 주지 않는다면,

그를 홀로 유행하는 성자라 부른다.

그 위대한 선인은 평안의 경지를 본 것이다.

〈숫따니빠따 208〉

❖

번뇌는 어떻게 생길까? 108번뇌 그 이상으로 번뇌는 많다. 모든 것은 이 마음에서 생긴다. 마음의 운전수는 바로 나다. 번뇌를 만드는 것도 나요, 번뇌를 뿌리째 뽑는 것도 나요, 번뇌가 생기도록 빈틈을 주는 것도 나다. 모든 것은 내 마음대로인데 왜 안 될까? 내가 운전수인데 운전을 제대로 못하는 것이 문제 아닌가!

친구들 사이에서 행함이 없이
기분 좋은 말만 앞세운 사람,
그를 말만 하지 행함이 없는 사람이라고
지혜로운 이는 확실히 안다.

〈숫따니빠따 254〉

∴

새해 새 포부에 대하여 장황하게 말하는 사람이 많다. '새해에는 담배를 끊을 것이다', '술을 줄일 것이다', '운동을 매일 할 것이다', '핸드폰 보는 시간도 제한할 것이다'. 그러나 작심삼일이 되는 경우가 많다. 자기와의 약속을 다부지게 실천에 옮기는 사람은 강철 같은 마음을 가진 대단한 사람이다.

(우정이) 깨질까 염려하여

항상 정신을 바짝 차리면서도

(친구의) 결점만 보는 사람은 친구가 아니다.

아들이 (어머니의) 품에 기대듯이 의지하고,

다른 사람 때문에 (우정이) 깨지지 않는 사람이야말로

참으로 그는 친구이다.

〈숫따니빠따 255〉

❖

결점 없는 친구는 없다. 그러나 친구의 결점만을 늘 지적해서 기분을 상하게 하는 친구는 진정한 친구가 아니다. 진정한 이런 친구를 얻기란 쉬운 일이 아니다. 참된 친구가 있는 사람은 참으로 행복하다.

어리석은 사람을 가까이하지 않으며,

지혜로운 사람을 가까이하며,

공경할 만한 사람을 공경하는 것,

이것이 으뜸가는 축복이다.

〈숫따니빠따 259〉

❖

축복이란 복을 받는 것이다. 최고의 복을 받는 일은 무엇일까? 바른 생각에서 지혜가
우러난다. 지식이 많다고 해서 다 지혜로운 것은 아니다. 지식이 부족하더라도 지혜로
운 사람이 있다. 공경할 만한 사람을 찾아 가르침을 듣고 존경을 표하는 것은, 더 놓은
경지로 가는 지혜를 얻는 지름길이다. 이런 분들은 이미 많은 지식을 쌓아서 그 지식에
서 우러난 지혜를 전달해 주기 때문이다.

존경과 겸손과 만족과 감사
그리고 때맞추어 가르침을 듣는 것,
이것이 으뜸가는 축복이다.

〈숫따니빠따 265〉

∴

벼는 익을수록 고개를 숙인다. 마찬가지로 훌륭한 사람일수록 겸손해진다. 만족과 행복은 평행선이다. 만족이 없으면 행복도 없다. 늘 불만족 속에 살면서 어찌 행복하리요. 만족하면 저절로 감사가 나오고, 감사하면 만족한 마음이 온다. 때때로 가르침을 듣고 마음의 양식을 얻는다면 이보다 좋을 수는 없다. 육신의 건강을 위해서는 온갖 보약에다 운동을 하면서도, 정신적인 건강을 위해서는 무엇을 했는지 돌아볼 일이다.

세상일에 부딪쳐도
마음이 흔들리지 않으며,
슬픔 없이 티 없이 온전히 평온한 것,
이것이 으뜸가는 축복이다.

〈숫따니빠따 268〉

∴

세상은 고해의 바다라고 말한다. 그만큼 온갖 어려움에 부딪치고 이리저리 출렁인다
는 말이다. 그러나 지혜로운 사람은 고해의 세상을 탓하지 않는다. 담담히 받아들인다.
연꽃이 더러움에 물들지 않듯이 더러운 세상에 물들지 않고, 연꽃처럼 진흙 위로 우뚝
솟아 맑고 향기롭게, 티 없이 평온하다면 그는 과연 최고의 복을 누릴 만하다고 말할
수 있다.

"욕망과 증오는 자기 자신에게서 일어난다.
싫어함과 좋아함과 오싹한 공포도 자기 자신에게서 일어난다.
마치 어린아이들이 (잡았던) 까마귀를 놓아주듯이,
마음의 생각들도 자신에게서 일어난다."

〈숫따니빠따 271〉

⁜

모든 것은 내 마음이 만드는 것이고, 내 마음에서 나오는 내 마음의 결정이다. 물론 외부의 영향을 받을 수도 있다. 그러나 결국은 자신이 결정해야 한다. 누구를 좋아하거나 싫어하거나 욕심내거나 미워하거나 두려워하는 모든 감정은 내가 만든 것이다. 싫어하는 마음을 좋아하는 마음으로 바꿀 수는 없을까? 감정이 무엇이기에 바꾸기가 이렇게 힘든 것일까? 그러나 가능성은 있다. 내 마음이 바뀌면!

좋음도 싫음도 버리고, 집착하지 않고,

어디에도 의존하지 않고,

속박으로부터 벗어나면,

그는 세상에서 바르게 유행하리라.

〈숫따니빠따 363〉

∴

좋으면 좋고 싫으면 싫지, '좋음도 싫음도 버린다'는 말은 무엇인가? 수행에서 좋아하는 감정이나 싫어하는 감정을 초월한 평정의 감정에 도달하면 수행을 성취했다고 말할 수 있다. 좋아하는 것은 좋아하고 싫어하는 것은 싫어하기 때문에 마음은 평온을 잃게 된다. 그러니 너무 한쪽에 기울어지지 않고 얽매이지 않는 것을 평정이라고 한다.

진리는 참으로 죽지 않는 말입니다.
그것은 영원한 법칙입니다.
진리 속에 목표도 가르침도
굳건히 서 있다고 선한 분들은 말합니다.
〈숫따니빠따 453〉

∴
진리란 무엇일까? '지구는 돈다', '사람은 날아다닐 수 없다', '사람은 생노병사를 겪는다' 이것은 누가 보아도 진리이다. 그런데 '내 종교의 교리만이 진리이다'라는 주장은 보편타당성이 없다면 진리가 아니라 교리라고 말할 수 있다. 이 보편타당성의 바탕 위에 부처님의 가르침은 굳건히 서 있다는 가르침이다.

온 세상에서 안팎으로 그의 감각기관이 잘 균형 잡히고,

이 세상과 저 세상을 꿰뚫어 보고,

죽음의 때에 대해 준비된, 잘 수련된 사람,

그가 절제된 사람이오.

〈숫따니빠따 516〉

∴
죽음에 대한 준비란 무엇일까? 우리는 미리 죽음에 대해 생각할 필요가 있다. 식물인간이 되어 의식 없이 생명만 붙어서 사는 것이 의미가 있을까? 여러 해를 산소 호흡기를 끼고 누워서 연명하는 것이 의미가 있을까? 연명 장치에 대한 자기 의견과 유언장 등을 미리 작성해 두는 것도 중요할 것 같다.

이 세상에서 죽기 마련인 목숨은
(얼마나 살지) 표시도 없고, 알 수도 없고
비참하고, 짧고, 괴로움으로 묶여 있다.
〈숫따니빠따 574〉

∴

사람들은 이별의 괴로움, 늙음의 괴로움, 죽음의 괴로움을 애써 외면하려고 한다. 슬픈 현상과 마주하기 싫은 것이다. 그러나 슬프더라도 사실은 사실대로 인정해야 한다. 물론 삶에서도 많은 즐거움과 기쁨과 보람을 느낄 수 있다. 하지만 우리는 이 세상에 홀로 던져진 존재다. 성인이 되면 살기 위해, 먹기 위해 부단히 일해서 돈을 벌어야 한다. 이것이 삶의 현실이다. 기쁨은 잠시뿐이고 괴로움이 훨씬 더 많다.

태어난 것이 죽지 않을 방법은 없다.
(오래 살아) 늙음에 이르러도
역시 죽음이 (기다리고) 있다.
이런 현상이 바로 살아 있는 존재들이다.

〈숫따니빠따 575〉

❖

인간의 일생은 마치 민들레 씨앗과 같다. 인간이 태어나서 청년과 장년을 지나 노년에
이르듯이 민들레도 새싹이 나서 꽃이 피고 씨앗이 서서히 떨어져 나간다. 자손을 멀리
까지 퍼뜨리는 임무를 다한 후에, 민들레는 발아의 영양분이 되어 없어지고 다시 새싹
을 움트게 한다. 인간도 자식에게 자신의 혼신의 에너지를 다 주고 늙어 죽음을 맞이한
다. 그냥 그렇게 죽고 또 새 생명은 태어난다.

익은 과일처럼 떨어짐의 두려움이 있다.
이처럼 태어난,
죽기 마련인 존재들은
항상 죽음의 두려움이 있다.
〈숫따니빠따 576〉

∴
민들레 씨앗이 하나씩 떨어져 나가듯이 늙음도 그렇게 다가온다. 곱게 늙는 데도 연습이 필요한 것 같다. 늙어서 볼품없이 된 얼굴로 인상을 써가며 표정은 굳은 채, 누가 길을 물어도 퉁명스럽게 말한다면 환영받는 늙음일까? 항상 선하게 미소를 짓는 사람, 표정이 한없이 평온하고 평화로운 사람, 누가 무엇을 물으면 상냥하게 친절하게 자상하게 말해 주는 사람, 그런 분은 곱게 늙은 분이다. 친절하게 자상하게 말해 주는 사람, 그런 분은 곱게 늙은 분이다.

도공에 의해 만들어진 옹기 그릇이 마침내는
모두 부서져 버리듯이,
이처럼 죽기 마련인 존재의 목숨도 그와 같다.
〈숫따니빠따 577〉

∴

아름다운 소녀의 모습은 청년기를 지나면 서서히 빛을 잃기 시작한다. 생물이건 무생
물이건 새 것은 낡아지고 빛이 바래고 망가지고 부서져서 흙으로 돌아간다.

젊은이도, 늙은이도, 어리석은 이도, 지혜로운 이도,
모두 죽음의 힘 속으로 간다.
모든 존재의 마지막 종점은 죽음이다.

〈숫따니빠따 578〉

∴
새끼의 날개에 힘이 생겨 날 수 있을 때까지 어미 새가 먹이를 물어다 주는 일반적인
새들과 달리, 백조 새끼는 어미가 바로 강으로 데리고 간다. 그리고 냉혹한 삶의 전쟁
이 시작된다. 어미가 물속 수초들을 물 위에 띄워주면 새끼들은 헤엄치며 수초들을 먹
는다. 태어남과 동시에 삶의 고난이 시작되는 것은 모든 존재가 마찬가지다. 세상에 던
져진 존재로서 주어진 삶을 살아가는 것이다. 또한 늙고 병들어 생을 마감하는 것도 존
재하는 모든 것들의 공통이다.

죽음에 정복되어
저 세상으로 가는 사람들의
아버지도 자식을 구하지 못하고
친척들도 (다른) 친척들을 구하지 못한다.
〈숫따니빠따 579〉

∴
인간은 해가 떠오르는 수평선을 보면서 거기가 끝이라고 생각하고 그 끝을 향해 가고
또 가는 삶의 연속인 듯하다. 그러나 욕망의 끝이 없듯이 수평선의 끝은 없다. 지구가
둥글기 때문이다. 끝이 나타날 때까지 앞도 뒤도 돌아보지 않고 자기자신을 돌아볼 여
유도 없이 무작정 달리다가, 끝이 나타나지 않으니 기진맥진하여 죽는 것이 인간인 것
같다.

보라! 친척들이 보고 있는데도,

그리고 울부짖는데도,

도살장으로 끌려가는 소처럼,

죽기 마련인 사람들은 한 사람씩 끌려간다.

〈숫따니빠따 580〉

❖

민들레 씨앗이 다 떨어져나가고 두 개만 남았다. 두 개마저 지고나면 꽃대는 말라서 죽는다. 인간도 마찬가지이다. 에너지가 다 소진되면 죽는다. 한 사람이 스러져도 변하는 것은 아무것도 없다. 하늘은 푸르고 물은 흘러가고 바닷물은 출렁일 것이다. 뜰 앞의 매화나무는 작년과 똑같이 매화꽃을 피울 것이다.

이처럼 세상은
늙음과 죽음에 의해 고통을 받는다.
그러므로 지혜로운 사람들은
세상의 이치를 알고 슬퍼하지 않는다.
〈숫따니빠따 581〉

∴
늙음과 죽음은 하나의 단계일 뿐이다. 인간의 탄생부터 행복한 순간들은 인간의 삶을
가능하게 한다. 백조 부부는 알을 낳아 새끼가 나올 때까지 둥지를 만드는 어려운 작업
에 몰두한다. 새끼가 생기면 새끼를 키우는 일에 온 힘을 기울여 완전히 몰두한다. 사
람이나 동물이나 모성애는 똑같다. 새끼는 어미의 사랑과 돌봄으로 인하여 성장한다.
이런 사랑과 돌봄은 행복과 희망과 열망을 생기게 하는 원동력이 된다. 이것이 세상의
이치이다.

그대는 온 사람의, 간 사람의
길을 알지 못한다.
그대는 양쪽 끝을 보지 않고
부질없이 슬퍼한다.
〈숫따니빠따 582〉

∴

어미 거북이 모래를 파내어 알을 낳고 바다로 돌아간 뒤, 알을 깨고 나온 새끼 거북이는
있는 힘을 다해 바다로 달린다. 바다가 있는 쪽은 어떻게 알까? 자신의 유전자에 새겨
져 있는 것인가? 인간이나 동물이나 생명의 신비는 그 처음도 끝도 알 수 없다. 그냥 살
뿐이다. 이렇게 왔다가 가는 것, 그게 인생이다. 별것 아니다. 수레바퀴처럼 태어나고
죽는 연속일 뿐이다. 그러니 죽음에 너무 무게를 두어 슬퍼하는 것은 부질없는 일이다.

만일 당황한 자가
울부짖고 자신을 해쳐서
무슨 이익이라도 얻어낸다면,
지혜로운 자도 그렇게 할 것이다.

〈숫따니빠따 583〉

울고 슬퍼하는 것으로는
마음의 평안을 얻을 수 없다.
괴로움이 더욱더 일어나고
몸이 상할 뿐이다.

〈숫따니빠따 584〉

그는 스스로를 해치면서
(몸은) 여위고 창백하게 된다.
그런 것으로 죽은 자를 지키지도 못한다.
울부짖음은 부질없는 일이다.

〈숫따니빠따 585〉

슬픔을 버리지 않으면
사람은 점점 더 괴로움으로 간다.
죽은 자 때문에 우는 것은
슬픔의 지배 아래 떨어진 것이다.

〈숫따니빠따 586〉

죽음의 지배 아래 떨어져
떨고 있는 살아 있는 존재들,
그들의 행위에 따라 (죽음으로) 가는 사람들,
또한 죽음에 당면한 다른 사람들을 보라.

〈숫따니빠따 587〉

∴

죽음을 두려워하고 떨 일이 있을까? 한 발 먼저 간다고 서러워할 일이 있는가? 의료 기구의 도움으로 의식 없이 생명만 붙어 있다면 사는 것이 의미가 있을까? 사는 것에 너무 의미를 부여하지 말고 세상을 떠나는 일을 두려워할 일이 아니다. 한 조각의 구름이 떴다 스러지는 것 같은, 한 방울의 빗방울 같은 것이 인간의 삶이 아니던가. 지금 이 순간도 아기는 수없이 태어나고 늙음은 사라져 간다.

사람들이 어떤 식으로 생각하더라도
그것과는 다르게 된다.
(세상에서) 떠남도 그와 같으니
세상의 이치를 보라.
〈숫따니빠따 588〉

∴
사람이 죽어도 물은 흘러가고 산은 푸르다. 이 세상이 변하는 것은 아무것도 없다. 지금 이 순간도 수많은 사람들이 태어나고 수많은 사람들이 지구를 떠나고 있다. 마치 민들레 꽃씨가 하나씩 떨어져 나가듯이. 날아간 꽃씨는 그곳에서 새로운 싹을 트게 할 영양소가 되어 사라질 뿐이다. 인간은 어떤가? 죽기 전에 좋은 공덕을 많이 쌓아 남을 이롭게 하고 세상을 떠날 수 있다면 좋은 일이다.

사람이 백 년을 살거나
그 이상을 산다 할지라도,
(결국은) 친족들을 떠나
이 세상의 목숨을 버린다.
〈숫따니빠따 589〉

그러므로 아라한의 말씀을 듣고서
한탄을 버리고,
죽어 떠나간 사람을 보고서는
'그를 다시는 보지 못한다'라고
(생각해야 한다).
〈숫따니빠따 590〉

❖

아라한이란 최고의 깨달음을 얻은 성자를 말한다. 그러므로 부처님도 아라한이고 깨달음을 얻은 제자들도 아라한이라 한다. 신을 믿는 종교인 기독교나 천주교, 이슬람교, 힌두교와 비교할 때 불교는 아주 독특하다. 샤카무니 붓다의 깨달음에서 시작되어, 괴로움으로부터 벗어나는 그 깨달음의 진리를 얻게 하는 종교이기 때문이다. 그러니 불교는 깨달음의 종교, 자기 다스림의 종교, 수행의 종교이다.

불이 붙은 집을 물로 꺼버리듯이,
확고하고, 지혜롭고, 현명하고, 능숙한 사람은
바람이 솜을 날려버리듯이
일어난 슬픔을 재빨리 날려버려야 한다.
〈숫따니빠따 591〉

∴
무엇이든지 시간이 지날수록 집착은 강해진다. 집착이 강해질수록 더욱더 날려버리기
가 어려워진다. 그러니 집착의 뿌리가 자라기 전에 즉시 잘라버리면 뿌리를 내릴 수 없
으니 집착으로부터 벗어날 수 있다. 중요한 것은 무엇이든지 일어난 즉시 날려버리는
것이다.

자신의 행복을 바라는 사람은
한탄과, 욕심, 자신의 (안에 있는)
우울함의 화살을 뽑아내야 한다.
〈숫따니빠따 592〉

∴

이 세상이 즐겁고 기쁠 수만은 없다. 세상 이치는 자기 뜻대로 돌아가지 않는다. 우울함은 비교하는 데서 오는 경우가 많다. 자신의 처지를 비관하거나 나보다 더 잘 나가는 사람들을 보고 우울해질 수 있다. 현실을 직시해야 한다. 이 현실에서 자신이 할 수 있는 능력껏 최선을 다해서 무엇이든 열심히 즐겁게 한다면 만족한 삶이 되지 않을까. 무엇보다 중요한 것은 자신이 즐겁게 행복하게 사는 것이다.

화살을 뽑아버리고 집착 없이
마음의 평온을 얻고서
모든 슬픔을 뛰어넘으면
슬픔에서 벗어나게 되고 평온하게 된다.

〈숫따니빠따 593〉

증오하는 사람들 가운데에서 증오하지 않고,
폭력을 쓰는 사람들 가운데에서 평온하고,
집착하는 사람들 가운데에서 집착하지 않는 사람,
그를 나는 브라흐민이라 부르오.

〈숫따니빠따 630〉

송곳 끝에서 겨자씨가 떨어지듯이
욕망과, 증오와, 자만과,
위선이 떨어져 나간 사람,
그를 나는 브라흐민이라 부르오.
〈숫따니빠따 631〉

∴
브라흐민 두 사람이 '어떤 사람이 브라흐민이냐'를 가지고 논쟁하였다. 와셋타는 '계행과 수행이 갖추어진 사람'이라고 말하고, 바라드와자는 '부모가 다 브라흐민이고 7대에 걸쳐서 순수한 혈통에서 태어난 사람'이라고 하였다. 둘은 할 수 없이 부처님께 여쭙게 된다. 부처님은 가문이나 혈통이 아니라, 그 행위에 따라서 브라흐민이 된다고 폭탄 같은 선언을 하셨다. 부처님은 2,500년 전에 이미 평등을 천명하신 위대한 선지자셨다.

참으로 사람이 태어날 때
입안에 도끼가 생긴다.
어리석은 자는 나쁜 말을 하여
그것으로 자신을 찍는다.

〈숫따니빠따 657〉

비난할 만한 사람은 칭찬하고
칭찬할 만한 사람은 비난하는 사람은,
입으로 불운을 쌓는다.
불운으로 말미암아 그는 행복을 얻지 못한다.

〈숫따니빠따 658〉

∵

인간은 어떤 면에서는 참으로 야비한 존재이다. 자기가 좋아하는 사람은 설령 그가 잘
못하더라도 예쁘게 봐주고, 자기가 싫어하는 사람에게는 아무런 잘못이 없는데도 자
신이 좋아하지 않는다는 이유로 선입견을 가지고 험담을 일삼는다. 부처님은 한쪽에
치우침을 경계하셨다. 치우침은 집착이 너무 강할 때 나타난다. 집착을 놓아버리면 그
때 사물의 진정한 모습을 볼 수 있다.

청정하고, 허물이 없고,

악의가 없는 사람에게 악의를 품는 사람은

바람을 거슬러 던진 미세한 먼지처럼

악은 그 어리석은 자에게 되돌아간다.

〈숫따니빠따 662〉

∴
때로는 아무런 잘못이 없는데도 부당하게 비난이나 욕설을 하거나 있지도 않은 가짜 뉴스가 퍼지는 경우가 있다. 그런데 분명한 것은 아무런 잘못이 없는 사람을 모함하고 헐뜯고 악을 행하면 그 악은 바로 자신에게 돌아간다는 사실이다. 누워서 침 뱉기 식으로 오직 자신만을 더럽힐 뿐이며, 바람을 거슬러 먼지를 던지기처럼 그 먼지는 고스란히 자신이 뒤집어쓰게 되어 있다.

골짜기와 개울을 흐르는 물과
강물에 대하여 알아라.
작은 개울은 소리 내어 흐르지만
큰 강물은 소리 없이 흐른다.

〈숫따니빠따 720〉

∴

자신을 알아달라고 동네방네 나팔 불고 다니는 사람과 묵묵히 자신의 일에 최선을 다
하고, 이웃을 따뜻하게 대하는 사람 중에서 누구에게 더 신뢰가 갈까? 벼는 익을수록
고개를 숙인다. 이처럼 내면이 가득 찬 사람은 사방에서 벌써 알아보고 여기저기에서
모여들어 가르침을 듣기를 청한다.

모자라는 것은 소리를 내지만
가득 찬 것은 고요하다.
어리석은 사람은 물이 반만 찬 항아리 같고,
지혜로운 사람은 물이 가득 찬 호수와 같다.
〈숫따니빠따 721〉

∴
지혜는 어디에서 생길까? 많은 공부를 한 사람들, 박사학위를 받은 사람들은 그 공부를 했기 때문에 지혜로울까? 학교 공부는 못했어도 자연과 사물의 이치에 대한 안목이 있고 식견이 있다면 그는 지혜로울 것이다. 사실 지혜는 자기가 알고 있는 모든 것들이 융합되고 합성되어 도출되어진 추출물이라고 말할 수 있다. 그러니 공부를 많이 했느냐로 지혜를 말할 수는 없다.

발로 뱀의 머리를 밟지 않는 것처럼
감각적 쾌락을 피하는 사람은,
그는 마음을 집중하고
세상의 집착 그 너머로 간다.
〈숫따니빠따 768〉

∴

인간의 본능은 감각적 쾌락으로 유혹한다. 마치 낚싯바늘과 같다. 그런데 많은 사람들
은 이 유혹에 이끌려 낚싯바늘을 물고 만다. 그 결과는 뻔하다. 괴로움과 고통이 뒤따
를 뿐이다. 인간의 본능을 쫓아서 살기 쉽지만 수행이란 이 본능을 절제하고 다스리는
것이다. 유혹의 기회를 끊어버리는 것, 유혹의 기회를 만들지 않는 것이다. 이런 절제
와 자기 다스림은 결국은 자신에게 평화를 가져오고 건강한 삶으로 안내한다.

묻지도 않았는데 다른 사람에게
자신의 계행과 계율을 말하고,
스스로 자신에 대하여 말한다면,
선한 분들은 그를 천한 성품을 가졌다고 말한다.

〈숫따니빠따 782〉

∴

사람은 보통 자신을 남에게 드러내고자 하는 강한 욕구가 있다. 그래서 자신의 자랑을
늘어놓는다. 사실보다 조금 더 과장하여 자신을 멋지게 포장하여 보여주려고 애를 쓴
다. 물론 현대는 자기 홍보시대라고도 한다. 그러나 자기 자신에 대한 홍보는 내가 말
하기 전에 이미 남들이 다 잘 알고 있고, 소문이 나 있으니 지나친 자기 자랑은 오히려
겸손하지 못하다는 평가를 받을 수 있다.

사람은 자신의 견해 속에 머물면서
'이것이 최고다'라고 하며
그것을 세상에서 가장 최고라고 여긴다.
모든 다른 것들은 그것보다 열등하다고 말한다.
그러므로 그는 논쟁을 초월하지 못한다.

〈숫따니빠따 796〉

삶은 참으로 짧구나.

백년도 못 되어 죽는다.

더 산다 해도 늙어서 죽는다.

〈『숫따니빠따』 804〉

∴

마지막 한 개의 씨까지 다 떨어지면 민들레 꽃대가 주듯이 인간도 죽는다. 아무리 죽지 않으려고 별의별 보약들을 먹어도 결국은 죽음으로 간다. 자연은 정해진 바퀴를 도는데, 인간이 여기에 온갖 계산과 변화를 줄 뿐이다. 자연에서 왔다가 그냥 자연으로 돌아가는 것뿐, 서러울 것도 통탄할 것도 없다. 모두 일시적으로 존재하다가 스러지는 것이 우주의 실상이다. 사는 거 별거 없다. 그러니 아등바등 속 끓이지 말아. 작은 것에 목숨 걸지 말아.

사람들은 애착하는 것 때문에 슬퍼한다.
참으로 소유란 영원하지 않다.
이런 이별이 있음을 보고 재가의 삶에 머물지 말라.

〈숫따니빠따 805〉

∴

이 게송은 출가를 권하고 재가자의 삶의 실상을 말해 준다. 사람마다 다 선호하는 것이 다르기 때문에 어떤 이는 출가를 선택할 수도 있다. 부처님은 인간의 영원하지 않은 찰나의 행복, 그에 따라 오는 소유와 소유에 따른 집착, 그리고 결국 찾아오는 이별과 늙음을 예리하게 통찰하셨다.

사람이 '나의 것'이라고 생각하는 것은
또한 죽음에 의해 사라진다.
참으로 이와 같이 알고서 나를 따르는 지혜로운 사람은
'나의 것'에 기울지 말아야 한다.

〈숫따니빠따 806〉

∴

인생은 빈손으로 왔다가 빈손으로 간다. 그러면 재산도 아무것도 없어야 하나? 아니다. 이 세상을 살아가는 한 재물은 필요하다. 문제는 너무 재물이나 명예, 지위 등에 집착하여 자신의 영혼을 황폐하게 하는 일이다. 나의 육신과 영혼은 그 무엇과도 바꿀 수 없는 소중한 것이다. 내가 있어야 재물도 의미가 있고, 내가 있어야 명예나 지위도 의미가 있다.

잠을 깬 사람이 꿈속에서 만난 사람을 보지 못하듯이
죽어서 떠난 사랑하는 사람도 보지 못한다.

〈숫따니빠따 807〉

성자는 어떤 곳에도 머물지 않고,
사랑하거나 미워하지도 않는다.
슬픔도 탐욕도 그를 더럽히지 않는다.
물이 (연)잎을 더럽히지 않듯이.

〈숫따니빠따 811〉

∴

부처님 시대에 성자는 한곳에 정주하지 않았다. 왜냐하면 한곳에 안주하고 머물면 집착이 생기기 때문이고, 집착은 쌓아 모으는 탐욕으로 이어지기 때문이다. 성자는 깨달음에 이른 분이기에 희·노·애·락에 치우치지 않고 항상 평상심에 머물기 때문에 사랑이나 미움, 슬픔이나 탐욕 등에 물들지 않는다. 치으침이 없으니 집착이 없고 집착이 없으니 그 마음은 평화롭다.

물방울이 연잎에 묻지 않듯이,
물이 연꽃을 더럽히지 않듯이,
그처럼 성자는 본 것, 들은 것,
생각한 것에 더럽혀지지 않는다.

〈숫따니빠따 812〉

그는 미래에 집착하지 않으며,

과거에 슬퍼하지 않는다.

감각이 닿는 것에 초연함을 본다.

그는 그릇된 견해에 이끌리지 않는다.

〈숫따니빠따 851〉

∴

과거, 현재, 미래 중에서 어떤 것이 가장 중요할까? 과거는 이미 지나간 것이고 미래는 아직 오지 않은 것이기 때문에 현재가 가장 중요하다. 현재 중에서도 바로 지금 이 순간이 가장 중요하다. 아! 이 순간도 어느 찰나에 과거가 되다니! 다만 지금 이 순간의 삶에 최선을 다할 뿐이다. 우리는 1분 후에, 아니면 몇 초 후에 무슨 일이 일어날지 아무도 모른다.

감각적 쾌락에 관심두지 않는 사람,
그를 '고요한 분'이라 부른다.
그에게는 속박이 없다.
그는 집착의 그 너머로 갔다.

〈숫따니빠따 857〉

∵
탁발하는 비구들의 뒤를 따르는 커다란 코끼리가 뭐라고 말하는 듯하다. 사실 코끼리
는 숲에서 수행하는 수행자들을 해치지 않는다. 감각적 쾌락을 버리고 숲에서 수행하
는 수행자는 자유로운 영혼이다. 어디에도 얽매인 것이 없고, 재물이나 소유에 대한 집
착을 떠났다. 집착은 괴로움을 가져온다. 집착이 없으니 평화로울 수밖에 없다. 몸도
고요하고 마음도 고요하다.

"다툼, 논쟁, 한탄과 슬픔, 탐욕, 교만과 오만
그리고 중상은 사랑하는 것으로부터 일어난다.
다툼과 논쟁은 탐욕에 연결되고,
논쟁이 일어나면 중상이 따른다."

〈숫따니빠따 863〉

3

네 개의
니까야에서

아나타삔디까 장자는 부처님께 여쭈었다.
"지혜로써 철저하게 꿰뚫어보고 선명하게 보는
훌륭한 방법은 무엇입니까?"
"장자여, 나의 거룩한 제자들은 연기의 가르침을 철저하게
그리고 치밀하게 이와 같이 살핍니다."
이것이 있으면 저것이 있고, 이것이 없으면 저것이 없다.
이것이 일어나면 저것이 일어나고,
이것이 소멸하면 저것이 소멸한다.
이 연기의 도리가 바로 나의 거룩한 제자가 진리를 철저하게
꿰뚫어보고 선명하게 보는 훌륭한 방법입니다."

〈상윳따니까야 12:41〉

부처님은 가르치셨다.

"무엇이 여덟 가지의 거룩한 길인가? 그것은 바른 견해,
바른 생각, 바른 말, 바른 행동, 바른 생활 수단, 바른 정진,
바른 마음챙김, 바른 집중이다.

〈상윳따니까야 45. 막가 상윳따 8〉

어떤 이는 조금 있어도 베풀고
어떤 이는 많아도 베풀지 않으니
조금 있어도 베푸는 보시는 천 배의 가치가 있다.

〈상윳따니까야 1. 데와따 상윳따 4:2〉

∴
베품은 아주 작은 선행부터 시작된다. 얼룩말에게 물을 뿌려주는 코끼리를 보라. 더운
여름철 시원한 물줄기가 등 위에 쏟아지니 얼룩말은 얼마나 고마워하겠는가. 풀을 뜯
어먹고 사는 동물들은 모두 양순하고 다른 동물을 해치지 않는다. 그러니 평화로울 수
밖에 없다. 사소하지만 놓치지 말아야 할 아주 중요한 것이 있다. 얼굴은 그 사람의 마
음속을 비추어주는 거울과도 같다. 편안하고 평화로운 미소 띤 얼굴은 아주 큰 행복을
남에게 베푼 것이다.

모든 재산과 함께 이 몸도 끝내는 버려야 하니
지혜로운 이여 이것을 알아
자신도 즐기고 보시도 하세.
〈상윳따니까야 1. 데와따 상윳따 5:1〉

∴

흔히 돈을 벌게 되면 앞날을 위해 저축하게 된다. 여기서 중요한 것은 자신을 위해서도
어느 정도 써야 한다는 것이다. 특히 자신의 건강을 위해서는 노랑이가 되어서는 안 된
다. 그 누가 자신의 건강을 챙길 것이며, 자신의 건강에 이상이 생기면 남에게 짐만 될
뿐이며 천덕꾸러기가 된다. 그러니 죽는 날까지 건강하게 살다 가는 것은 가장 큰 행운
이다.

꾸사 풀잎을 잘못 잡으면 손을 베듯이
수행자가 행동을 잘못하면
스스로를 지옥으로 이끈다.

〈상윳따니까야 2. 데와뿟따 상윳따 1:8〉

∴

꾸사 풀의 이파리는 길고 가느다랗다. 이 풀잎을 잘 잡아야 베지 않듯이, 수행자가 행
동을 잘 하면 나쁜 일을 당하지 않는다는 가르침이다. 반대로 행동을 잘못하면 가도 가
도 끝이 없는 광막한 사막을 헤매는 것처럼 괴로움을 당하게 된다. 행동을 어떻게 하느
냐는 오직 자기에게 달려 있다. 최종 결정자, 최종 행동하는 자는 자기 자신이다. 남이
나를 어떻게 해줄 수 없다.

늙음과 죽음이 닥칠 때 해야 할 일은
담마에 따라 사는 것, 바르게 사는 것,
그리고 착하게 사는 것과 공덕을 쌓는 것
이외에 다른 무엇이 있겠습니까?

〈상윳따니까야 3. 꼬살라 상윳따 3:5〉

∴
공덕은 선한 일을 말한다. 선한 일을 하여 남에게도 기쁨을 주고 자신도 행복하면 그게
최고 아니겠는가! 선한 일을 크게만 생각하지 말자. 아주 작고 사소한 일이라도 남에
게 이로움이 된다면 선행이 아니겠는가. 새끼 거북이는 많은 어려움을 겪으면서 바다
로 향한다. 길을 잃고 엉뚱한 곳으로 향하는 새끼 거북이를 바다 앞에 데려다 주는 것
도 큰 선행이다.

잘 교정된 성품이 좋은 이들을 보는 것은 좋은 일이다.

의혹은 끊어지고 지혜는 증대한다.

어리석은 사람이라도 지혜로운 사람이 된다.

그러므로 훌륭한 사람을 가까이함은 좋은 일이다.

〈테라가타 75. 수사라다 비구〉

∴

어떻게 훌륭한 사람을 가까이할까? 훌륭한 사람에 대한 열망이 가득하다면 찾아 나서야 한다. 향을 싼 종이에 향 냄새가 배듯이, 생선을 싼 종이에 생선 냄새가 배듯이 훌륭한 사람의 향기는 사방으로 퍼지고 사람들을 그 향기에 배게 한다.

깊은 숲 속에 사는 평화롭고 청정한 수행자는
하루 한 끼만 먹는데도 어떻게 얼굴빛이 그렇게 평온합니까?
부처님은 말씀하셨다.
"지나간 과거를 슬퍼하지 않고
오지않은 미래를 열망하지 않고
현재에 충실하기 때문에
얼굴빛은 그렇게 평온하다네.
오지 않은 미래를 열망하고
지나가 과거를 슬퍼하는 어리석은 사람들은
낫에 잘린 푸른 갈대처럼
그렇게 시든다네."

〈상윳따니까야 1. 데와따 상윳따 1 : 10〉

마치 갈대에서 나온 열매가 바로 그 갈대를 파괴하듯이
탐욕과 증오와 어리석음은 사람 안에서 일어나
악한 마음을 가진 사람 스스로를 해칩니다.

〈상윳따니까야 3. 꼬살라 상윳따 1 : 2〉

∴

탐욕, 증오, 어리석음은 탐·진·치(貪·嗔·癡)라고 하여 삼독이라 하였다. 이 세 가지 독
은 자신의 내면에 숨어 있다가 기회가 오면 기세등등하게 주인을 제압하고 주인을 구
렁텅이로 떨어뜨린다. 세 가지 독에게 주인은 패배하여 항복한 것이다. 그러나 생각이
바로 서 있는 사람이라면 이 세 가지 독에 기회를 주지 않는다. 한마디로 악덕에게 무
대를 만들어주지 않는 것이다. 이게 수행이고 마음 다스림이고 자기 관리이다.

생각으로 절제하는 것은 훌륭합니다.

말로 절제하는 것은 훌륭합니다.

행동으로 절제하는 것은 훌륭합니다.

모든 면에서 절제하는 것은 훌륭합니다.

〈상윳따니까야 3. 꼬살라 상윳따 1 : 5〉

∴

인간의 본성은 무절제로 흐르기 쉽다. 그러니 그것을 길들여 절제하기란 참으로 어려운 일이다. 더구나 습관이 되어버린 것은 절제하는 것은 훨씬 어려운 일이다. 나쁜 생각을 하면 나쁜 말과 행동이 나오고, 좋은 생각을 하면 좋은 말과 행동이 나온다. 그러니 좋은 생각은 좋은 말을 하게 하고, 좋은 말은 좋은 행동을 하게 한다. 생각과 말과 행동은 서로 연결되어 있는 하나이다

당신의 마음이 천지사방으로 다 돌아다녀도
어디서도 자기 자신보다 더 소중한 것을 찾지 못하듯
다른 사람에게도 자기 자신은 소중하기 때문에
자기 자신을 사랑하는 사람은
남을 해쳐서는 안 됩니다.

〈상윳따니까야 3. 꼬살라 상윳따 1 : 8〉

사람은 태어날 때 입안에 도끼가 생긴다.
어리석은 사람은 나쁜 말을 하여 그것으로 자기 자신을 찍는다.

〈상윳따니까야 6. 브라흐마 상윳따 1:10〉

∴

존재하는 모든 것들의 유전자에는 외부의 모든 조건으로부터 자신을 치열하게 지키려는 생존 본능이 있다. 그 방어 본능을 도끼라고 말하고 싶다. 상대방에게 나쁜 말을 하면 그것이 상대방만 해치는 것이 아니다. 오히려 더 큰 해악이 자신에게 돌아오게 된다. 남에게 해악을 끼치고 자신은 호의호식할 수 없다. 언젠가 그 대가를 치르게 된다. 이것이 인과응보의 원리이다.

훌륭히 말해진 것만 말하며 나쁘게 말해진 것은 말하지 않는다.

다만 진리에 입각해서 말하며 진리 아닌 것은 말하지 않는다.

다만 유쾌한 말을 하며 불쾌한 말을 하지 않는다.

다만 사실인 것만 말하며 거짓을 말하지 않는다.

〈상윳따니까야 8. 방기사 상윳따 5〉

∴

게송처럼 산다면 낙원이 여기 있을 것이다. 사진에서처럼 햇빛이 눈부시게 빛나고 꽃들이 만발한 낙원일 것이다. 좋은 친구를 만난 것처럼 서로 이해하고 신뢰심을 갖고 유쾌한 삶을 살 것이다.

어떤 종류의 씨를 뿌렸든지
뿌려진 씨에 따라
그는 바로 그 열매를 거둔다.
선을 행하면 선을 거두고
악을 행하면 악을 거둔다.
너의 씨앗은 뿌려졌다.
그러니 열매를 거두리라.

〈상윳따니까야 11. 삭까 상윳따 1 : 10〉

어리석음이 길을 인도하면 불건전한 상태에 이르기 때문에 잘못하고도 부끄러움도 없고 겁내는 것도 없게 된다. 어리석음에 지배되는 사람은 잘못된 견해가 일어난다. 잘못된 견해에서 잘못된 생각이, 잘못된 생각에서 잘못된 말이, 잘못된 말에서 잘못된 행동이 일어난다.

그러나 참된 지혜가 맨 앞에 있으면 건전한 상태에 이르기 때문에 잘못에 대하여 부끄러워하고 두려워하게 된다. 참된 지혜에 도달한 지혜로운 사람은 바른 견해가 일어난다. 바른 견해에서 바른 생각이, 바른 생각에서 바른 말이, 바른 말에서 바른 행동이 일어난다.

〈상윳따니까야 45. 막가 상윳따 1〉

좋은 우정, 좋은 교우관계는 청정한 삶의 전부이다. 왜냐하면 좋은 친구, 좋은 동료가 있으면 그로 인하여 여덟 가지 바른 길을 연마하게 되고 여덟 가지 바른 길을 더 발전시키게 된다.

〈상윳따니까야 45. 막가상윳따 2〉

∴
좋은 친구가 왜 자신의 삶에 그렇게 중요하다고 강조하는가? 좋은 친구의 바르고 선한 영향력에 의하여 자신이 애쓰지 않아도 저절로 바른길로 가기 때문이다. 좋은 친구는 스승과도 같다. 그렇다면 좋은 친구를 얻으려면 어떻게 해야 할까? 자신이 먼저 좋은 친구가 되어주어야 한다. 그리고 그런 친구를 발견하였다면 먼 길을 마다 않고 찾아가야 한다. 그리고 신뢰심으로 함께 가야 한다.

자주 생각하고 숙고하는 것은 무엇이든지, 그것들에 그대들의 마음은 기울어진다. 만일 그대들의 마음이 자주 감각적 욕망, 악한 생각, 해로운 생각에 마음을 기울이고 숙고한다면, 감각적 욕망, 악한 생각 해로운 생각을 버리겠다는 마음을 포기하게 되고, 결국 반복되는 감각적 욕망, 악한 생각, 해로운 생각에 빠지게 된다.

자주 생각하고 숙고하는 것은 무엇이든지 그것들에 그대들의 마음은 기울어진다. 만일 자주 감각적 쾌락을 떠난 청정한 마음, 선한 마음, 자비스러움에 대하여 생각하고 숙고하면, 감각적 욕망, 악한 생각, 해로운 생각을 버리게 되고, 결국 감각적 쾌락을 떠난 청정한 마음, 선한 마음, 자비스런 마음으로 기울어지게 된다.

〈맛지마니까야 19. 드웨다위딱까경〉

어떤 사람은 불쾌한 말을 그에게 하지 않는 한 극도로 친절하고
부드럽고 고요하다. 그러나 그에게 불쾌한 말을 하였을 때
비로소 그가 정말로 친절하고 부드럽고 고요한지
어떤지를 알 수 있다.

〈맛지마니까야 21. 까까쭈빠마경 10, 11〉

❖

누구나 기분이 좋을 때는 마음이 편안하고, 마음이 편안하니 남에게 부드럽고 친절하게 대한다. 그런데 이 사람의 본성이 어떤지는 그에게 불쾌한 말을 하거나 화를 냈을 때 나온다. 본성은 숨기려 해도 숨길 수가 없다. 자기도 모르게 자동적으로 표출되기 때문이다. 속에 있는 것이 그대로 나오기 때문이다.

비난할 만한 생각과 말과 행동은 어떤 것입니까?
생각과 말과 행동이나 바람직하지 않은 것은 비난의 대상입니다.
그것은 나와 남에게 괴로움을 가져옵니다.

〈맛지마니까야 88. 바히띠까경 10〉

⁖

단순히 자기 마음에 들지 않는다는 이유로 아무 잘못도 없는 사람을 비난하는 경우도
많다. 자기와 뜻이 같은 사람끼리 그룹을 이루어 다른 성향의 그룹을 비난하기도 한다.
이런 비난에서 자유로운 사람은 이 세상에 없다. 그러니 좋은 일을 해도 누구는 맘에
안 든다고 비난하는 세상에, 나쁜 생각과 나쁜 말과 나쁜 행동은 비난의 대상이 되는
것은 불을 보듯 뻔한 이치이다.

누구든지 아침 동안 생각과 말과 행동을 바르게 실천하면
행복한 아침이 찾아온다.
누구든지 아침 동안 생각과 말과 행동을 바르게 실천하면
행복한 낮이 찾아온다.
누구든지 아침 동안 생각과 말과 행동을 바르게 실천하면
행복한 저녁이 찾아온다.
〈앙굿따라니까야 3부 150〉

❖

네 잎 클로버처럼 행운은 누구에게나 찾아오는 것은 아니다. 행운은 긍정적인 마음으
로 열심히 찾는 사람에게 나타난다. 모든 이들이 행운의 주인공이 되기를 빌어본다.

분명한 다섯 가지 명제는 무엇인가?

- 나는 분명히 늙어간다. 나는 늙음을 피할 수 없다.

- 나는 분명히 병이 생긴다. 나는 병듦을 피할 수 없다.

- 나는 분명히 죽게 된다. 나는 죽음을 피할 수 없다.

- 내가 사랑하는 모든 것들은 변하게 되고 나는 그들과
  헤어져야 한다.

- 선업을 짓든 악업을 짓든 나는 내 업의 주인이다.

〈앙굿따라니까야 5부 57〉

∴

인간관계든 무엇이든 변치 않고 영원한 것은 이 세상에 아무것도 없다. 하늘에 떠 있는
구름이 수시로 변하듯이 사람의 육신도 덧없이 변하고 허물어지니 이것 또한 무상한
것이다.

남에게 충고를 하려면?

– 아무 때나 말하지 않고 알맞은 때에 말하야 한다.

– 실제로 일어난 일만 말하지 있지도 않은 말은 하지 않는다.

– 부드럽게 말하지 거칠게 말하지 않는다.

– 서로에게 이익이 되는 말만 하지 이익이 없는 말은 하지 않는다.

– 자애를 가지고 말하지 성냄을 가지고 말하지 않는다.

〈앙굿따라니까야 5부 167〉

⁝

말을 할 때에도 적절한 때가 있다. 기분 좋을 때 말하는 것과 화가 났을 때 말하는 것은 너무 다르다. 사람은 자기에게 이로운 쪽으로 사실을 부풀리거나 축소하기도 한다.

행위에 의해 농부가 되고

행위에 의해 기술자가 되고

행위에 의해 상인이 되고

행위에 의해 하인이 되고

행위에 의해 도둑이 되고

행위에 의해 무사가 되고

행위에 의해 제관이 되고

행위에 의해 제왕이 된다.

〈맛지마니까야 98. 와셋타경 58, 59〉

재물이 많다 해서 장수할 수 없고
부유함이 늙음을 몰아낼 수 없네
'인생은 짧다'고 성인은 말하네
영원한 것은 없으며 변화할 뿐이라고.

〈맛지마니까야 82. 랏타빨라경 42〉

도와주는 친구, 행복할 때나 불행할 때나 한결같은 친구,
훌륭한 조언을 주는 친구, 동정심으로 가득한 친구,
지혜로운 이는 이 네 친구가 참된 친구임을 알아야 한다.
〈디가니까야 31. 시갈로와다경 26〉

∴
친구의 중요성은 아무리 강조해도 지나치지 않다. 좋은 친구란 내가 어떤 경우에 처하든지 한결같이 변함이 없는 친구, 무슨 일이든 털어놓을 수 있는 의논 상대가 되어주는 친구, 어머니의 마음처럼 따뜻한 친구, 어떤 도움이 필요할 때 흔쾌히 도와주는 친구이다. 좋은 친구를 발견했다면 큰 행운이다. 이런 행운을 얻으려면 자신이 좋은 친구가 될 수 있도록 자신을 그렇게 멋진 사람으로 키워야 한다.

그림과 함께 읽는 감명 깊은
초기경전
© 일아, 2024

2024년 2월 2일 초판 1쇄 발행

옮긴이 일아
발행인 박상근(至弘) • 편집인 류지호 • 상무이사 김상기 • 편집이사 양동민
책임편집 김소영 • 편집 김재호, 양민호, 최호승, 하다해 • 디자인 쿠담디자인
제작 김명환 • 마케팅 김대현, 이선호 • 관리 윤정안
콘텐츠국 유권준, 정승채, 김희준
펴낸 곳 불광출판사 (03169) 서울시 종로구 사직로10길 17 인왕빌딩 301호
　　　　대표전화 02)420-3200 편집부 02)420-3300 팩시밀리 02)420-3400
　　　　출판등록 제300-2009-130호(1979. 10. 10.)

ISBN979-11-93454-34-3 (03220)

값 22,000원

잘못된 책은 구입하신 서점에서 바꾸어 드립니다.
독자의 의견을 기다립니다. www.bulkwang.co.kr
불광출판사는 (주)불광미디어의 단행본 브랜드입니다.